10년 경력 병원 전문 마케터의 노하우

매출을 올리는 병원 마케팅

10년 경력 병원 전문 마케터의 노하우

매출을 올리는 병원 마케팅

배실장 지음

생각의빛

프롤로그

원래부터 병원 마케팅 분야에서 일할 생각은 없었습니다. 광고쟁이 마케터의 시작이 된 계기는 원래 온라인광고 대행사부터입니다.

그 이전에는 IT 솔루션 업체에서 기술지원 파트에서 일했었고, 그 이후에는 영화 후반 제작업체에서도 일했었습니다. 이렇게 보면 너무나도 상극이 되어 보이는 다른 분야에서 일을 해왔다고 보일 수 있습니다. 일의 연속성이라는 것이 보이지도 않을뿐더러 어떻게 분야가 다른 직종으로 옮기게 되었는지도 궁금하실 겁니다. 그리고 전반적인 커리어 패스가 전혀 도움이 되지 않을 것이라고 생각을 하실 수도 있습니다.

첫 직장인 IT 솔루션 업체에서는 기술지원 파트에서 일을 했었다 보니 수많은 클라이언트를 대면해야 할 일이 많았고 영화 후반 제작업체 있었을 때는 그래픽 프로그램을 다루는 기술적인 툴을 대체로 배울 수 있었습니다.

광고업에서 일하면서 앞서 일한 직종에서 배운 업무 스킬들과 커뮤니케이션 능력들은 레벨을 더 올리는 데 도움이 되었습니다.

그렇게 시작한 광고업은 2011년으로 거슬러 올라갑니다. 이 당시에는 대형 포털 사이트를 중심으로 온라인 마케팅의 여러 방식이 태동하고 또 빠르게 돌아가고 있었습니다. 변화하는 시기라기보단 강력한 시발점이라는 부분에 있어 이 당시 많은 온라인마케팅 회사들이 생겨났죠.

거기에 저도 흐름을 타고 편승했던 것이었습니다. 온라인 광고업을 일하면서 병원이라는 업종에 대해 이해를 하기 시작했고 병원에 상주하는 마케팅 직원으로 일을 시작했습니다. 그 이후 지금까지 10년이 넘는 시간 동안 피부과, 성형외과, 치과, 정형외과, 안과, 비뇨기과 등에 이르기까지 마케팅 AE, PM업무를 도맡아 해왔습니다.

병원 마케팅 실무 업무를 10여 년간 진행해온 경험을 바탕으로 이 책에 많은 것을 녹여내고자 합니다. 병·의원 원장님들과 마케팅을 직접 하는 담당자들에게 도움이 될 만한 메세지를 전달하고자 심혈을 기울여 집필했다고 감히 말씀드릴 수 있습니다.

전반적으로 어렵지 않게 쉽게 가이드를 제시하고자 했으니 실제 병원마케팅에 도입을 할 수 있을 것이라고 봅니다. 다만 해답처럼 생각해서는 안 됩니다. 저자의 10년 이상의 경험에 의한 인사이트를 보시고 독자 분들께서도 참고하시길 바랍니다.

대부분의 마케팅 서적에서는 기능이나 방법을 설명하고 무턱대고 법칙이라는 타이틀로 마케팅 방법을 소개를 합니다. 실무에 바로 적용이 가능한 것처럼 내용이 포장되어 있지만 아쉽게도 사실상 현 마케팅 상황에서는 쓸 수 없는 방법들이 더 많습니다. 이유는 마케팅 직무에 분야가 다양하기 때문에 규정되지 않은 방법에 대해서 어느 한 직종 마케팅 분야에 적용하기가 어렵기 때문입니다.

일반 온라인 채널 마케팅을 다루는 내용보다는 협소하지만 좀 더 세부적으로 내용을 들여다볼 수 있게 병원이면 병원 마케팅 영역에 대해서 소개를 하는 책을 더 가까이 하는 것이 좋습니다. 그 중에서도 앞서 말한 방법에 집중한 내용에 대해선 너무 맹신하지 말아야 합니다. 절대적인 법칙이 아니기 때문이죠.

독서를 하고 단 몇 일만에 끝이 나는 책으로 남기고 싶지 않습니다. 수년 동안 도움이 될 만한 부족함 없는 내용으로 책을 만들고자 했습니다. 다만 책의 한계는 존재합니다. 만약 잘 이해가 되지 않는다거나 컨설팅으로 도움을 받고 싶다면 저에게 메일을 주셔도 좋습니다.

이메일 102vision@naver.com

제1장
병원 마케팅

병원 마케팅은 특별한가?

병원 마케팅에서 병원이라는 단어를 떼어내면 그냥 '마케팅'입니다. 병원이라는 특수한 영역에서 진행되기 때문에 병원 마케팅이라는 단어가 붙은 것입니다. 그렇다면 병원 마케팅 또한 특수할까요?

특수하면서도 특수하지 않은 영역입니다. 특수하다고 얘기하는 이유는 병원은 의료 서비스를 제공하는 분야이기 때문에 그 해당되는 의료법이 존재하기 때문입니다. 의료법 테두리 안에서 마케팅을 해야 하고 그로 인해 과장된 광고나 마케팅 방식은 지양해야 합니다.

의학은 전문적인 분야입니다. 일반 환자들이 아는 것과 의사가 아는 전문 지식의 차이에서 나오는 간극이 존재합니다. 그 간극을 알기 쉽게 정보를 제공해야 하므로 어느 정도 의료 지식을 공부해야 하는 분야라는 것입니다. 이것을 알고 모르고의 차이는 큽니다.

'A라는 질환은 B라는 치료 방법으로 완치가 가능합니다.' 에서 끝나는 것이 아닙니다. 그 A라는 질환이 생기는 원인을 알아야 하고 B라는 치료 방법의 역사와 사용하게 되는 장비 등 세부적인 지식 내용이 포함되었을 때 환자는 더욱 신뢰를 할 수 있게 됩니다. '우리 병원이 여기 있어요.'라고 하는 단순히 병원을 알리는 방식과 앞에서 소개한 치료 정보를 제공한 방식과 차이는 엄연히 존재한다는 것입니다.

앞서 언급한 특수하다는 지점과 반대되는 이유는 무엇일까요? 그 이유는 병원을 제외한 타 전문직 업종에서도 활용하고 있는 마케팅 방식을 그대로 하고 있기 때문입니다. 오프라인 광고를 시작해서 온라인 검색 광고며 블로그, 카페, SNS 광고, 보도 기사, 온라인 배너 광고 등 타 업종에서도 활용하고 있는 마케팅 채널과 툴을 그대로 사용하고 있기 때문입니다.

병원 마케팅은 단순 광고에 그치지 않고 앞서 언급한 특수한 부분을 이해하고 구조적인 문제점과 의료법과 같은 전문 지식을 알고 유념하여 마케팅을 진행한다면 매력적으로 접근할 수 있는 분야입니다.

간혹 '마케팅 = 광고' 이렇게 생각하시는 분들이 있습니다. 광고 이야기를 다루는 마케팅 회사의 다양한 콘텐츠를 보면 '마케팅 = 블로그 광고 또는 바이럴 마케팅'이 공식으로 의미를 정해두는 것 같습니다. 그런데 마케팅은 광고가 다가 아닙니다. 광고는 마케팅의 일부일 뿐 그와 더불어서 생산자, 상품, 가격, 서비스, 유통 등 방대한 개념의 언어입니다. 포괄적인 개념인 것을 알아야지 마케팅을 단순히 블로그 광고 이런 방식으로 개념을 짓는 것은 지양해야 할 부분입니다.

병원 마케팅의 본질

병원은 아픈 사람들이 치료를 받기 위해 가는 곳입니다. 그 외에는 미용 목적으로 시술을 받으러 가는 곳이기도 합니다. 특히 피부 성형 관련 진료 병원들이 그렇습니다. 어쨌거나 과거에는 정보를 단편적으로 보고 듣기만 하였기 때문에 지나가다 간판을 보고 들어가거나 또는 지인에게 추천을 받거나 소개로 해서 병원을 갔습니다. 그러나 요즘의 시대는 다릅니다.

정보 과잉 시대로서 단편적으로 보고 듣는 것 외에 온라인이라는 세상에서 많은 정보를 확인할 수 있습니다. 위치 정보를 비롯한 병원의 의사가 어떤 이력과 경력을 가졌는지 병원의 중점 진료 과목은 어떤 것인지 비급여 시술 비용은 어느 정도 되는지 등의 정보를 확인할 수 있습니다.

검색해서 나오는 정보만 잘 걸러 취합한다면 올바른 병원 선택을 하는데 이견은 없습니다. 이렇듯 정보가 선택의 요인으로서 작용하는 이상 정보가 없는 병원들은 선택 선상에서 멀어질 수밖에 없습니다.

병원을 개원 했는데 병원 정보를 온라인상에 노출하지 않는 병원, 개원한지 오래되었는데도 불구하고 온라인상에 그 어떤 정보도 볼 수 없는 병원, 온라인상에 정보를 노출하였지만, 단순 진료 내용만 나열한 병원 등 앞서 나열한 병원들은 환자가 오기만을 바라면 안 됩니다.

병원에 대한 정보를 소개하면 진료에 대한 정보만 나열하는 것이 아니라 '우리 병원을 왜 선택해야 하는지 우리 병원은 무엇이 특별한지' 등의 선택 소구점을 마케팅으로 풀어내서 환자들에게 전달해야 합니다.

마케팅의 사전적 의미는 정해져 있습니다. 그러나 분야마다 본질은 다양하게 해설이 됩니다. 의료 분야는 어떨까요? 아픈 환자는 병원을 갈 수밖에 없고 병원에서 잘 치료받기를 원합니다. 제품이 아닌 의료 서비스가 제공되기 때문에 일반적인 상품과는 다릅니다. 결국, 치료를 받는 환자로서는 치료가 잘 되기를 바라는 마음일 뿐이고, 치료와 시술을 하는 의사의 입장에서 봤을 때 역시 치료가 잘 되기를 바라는 마음일 것입니다. 이것이 병원이 마케팅이며 그 본질에 가깝다고 할 수 있겠습니다.

결국은 환자

마케팅을 진행하면 온라인에 블로그나 검색 광고 노출만 신경을 쓰는 것이 대부분입니다. 그런데 실제 그 광고 콘텐츠를 보고 환자가 병원에 내원을 했다고 가정을 해보겠습니다. 허리 통증으로 고생하고 있는 환자가 정형외과에 내원을 했는데 진료할 때 의사와 상담 나눈 시간이 몇 분 되지가 않습니다.

또한 의사가 진료 상담을 꼼꼼하게 하기는커녕 대화하려 하지 않고 치료만 잘하면 되지라는 태도를 보이곤 합니다. 이런 상황에 기분이 나빠진 환자는 진료 이후 치료를 끝까지 받지 않습니다. 병원 밖으로 나오게 된 환자는 곧장 다른 병원을 알아보게 됩니다.

위와 같은 일을 겪어보신 분들이 계실까요? 이런 경우 마케팅의 문제일까요? 아니면 의사의 문제일까요? 결론적으로 병원에서 의사가 환자를 보고 진료하고 치료하는 모습까지 즉, 서비스가 소비자를 만나는 상황까지 모두 마케팅의 일환이라고 보시면 됩니다.

앞서 말한 가정의 예는 결국 마케팅의 문제이며 마케팅의 실패라고 볼 수밖에 없습니다. 아무리 블로그나 검색 광고를 잘해서 환자 유치가 된다고 해도 의사의 태도나 병원 전반적인 의료진의 서비스 응대 매뉴얼이 갖춰지지 않아 환자가 기분 나쁜 상황으로 병원 밖을 나가는 일은 결과적으로 마케팅의 손해라는 것입니다. 마케팅에 공격적으로 큰 비용을 써서 환자를 내원을 하게 했는데 환자가 이탈한다면 그것만큼 손해가 큰 것이 어디 있을까요?

즉, 마케팅을 잘한다는 것은 환자와의 최종 접점에서 있는 의사의 진료와 치료 술기뿐만 아니라 환자를 대하는 응대 태도나 커뮤니케이션 능력도 좋다는 것입니다. 간혹 온라인상에 병원 후기를 보다 보면 '병원 선생님들의 태도가 불친절하다. 그런데 의사 선생님은 친절하고 치료를 잘해주신다.' 이런 글을 보곤 합니다. 이러한 글 또한 마찬가지로 의사가 아닌 다른 의료진의 태도 문제도 역시 마케팅의 손해라고 볼 수 있습니다.

내부 서비스 응대 매뉴얼을 정립하여 전 직원의 서비스 마인드를 갖도록 하는 것이 좋습니다. 고객 만족과 더불어 사후관리는 결국 CS로 통합니다. 그런데 이 CS는 단지 CS에서 끝나는 것일까요? 그렇지 않습니다. CS라는 것은 다른 말로 팬덤 마케팅이라고 할 수 있습니다. 환자 즉, 고객을 잘 관리하면 그 한 명의 고객으로 인해 다른 지인들이 입소문으로 병원에 내원할 수도 있게 됩니다. 즉 구전 효과로 인한 병원의 신규 고객 창출을 할 수 있다는 것을 명심하는 것이 좋겠습니다.

매뉴얼의 중요성

여기서 말하는 매뉴얼은 병원에 중점화된 이야기로 병원에서의 환자 응대 즉, 고객관리 CS를 기반으로 해서 말합니다.

고객이 원하는 니즈에 좋은 결과로서 만족도를 주고 그 이후에 재구매가 이루어지는 동시에 병원의 신뢰감이 연속적으로 이어지는 상태가 모든 병원이 원하는 환경이고 시스템입니다. 이것을 실현하고 실천하기 위해서는 고객에게 전달되는 모든 서비스 전달 체계가 확립되어 있어야 합니다. 그냥 주먹구구식으로 환자가 올 때마다 다르게 응대를 한다거나 사람을 가려가면서 응대를 하게 되면 고객이 만족할 수 있는 범위가 달라질 수밖에 없습니다. 동일한 만족감 즉, 통일성이 있어야지만 병원의 아이덴티티도 올라가게 됩니다.

이와 관련해서 병원 의료진들과 상담을 하다 보면 매뉴얼이 있다고 해도 그것을 활용하지 못하거나 매뉴얼 자체가 너무 딱딱한 부분이 있어서 서비스도 그런 방식으로 하게 되는 것 같다고 하는 경우도 있습니다.

서비스 전달 체계의 확립을 위해서는 동력을 세분화하여 관리하는 것이 좋습니다. 이는 매뉴얼을 만들어 시스템을 구축한다는 이야기입니다. 고객 관계관리 프로그램 CRM도 일종의 매뉴얼이라고 보시면 됩니다.

동사무소, 은행, 각 시구청 등을 방문을 해봤으면 어느 정도 감이 잡힐 수 있을 것입니다. 해당 관공서 기관들에서는 방문하는 사람마다 다르게 응대하지 않습니다. 일련의 서비스 과정들이 사람마다 다 똑같습니다. 응대하는 사람의 스타일이 다를지는 몰라도 직접적인 응대 과정은 똑같습니다. 이는 매뉴얼이 있어서 가능한 것입니다.

매뉴얼이 있기 때문에 불필요한 행정력의 낭비를 줄일 수 있으며 문제가 발생했을 때 빠른 조치가 가능합니다. 고객에게 직접적으로 말을 하는 응대 멘트도 마찬가지입니다. 예를 들어 전화 응대를 할 때 매뉴얼에 따른 스크립트를 그대로 읽는다고 해서 문제 되지 않습니다. 오히려 불필요한 말을 줄임으로 인해서 전화 응대 시간이 짧아질 수 있습니다. 이런 이점을 적절히 활용해서 응대해야 효율적으로 고객을 관리할 수 있습니다.

고객 응대에 있어서 많은 변수들이 있다는 것을 현장에서 직접 보면 알 수 있습니다. 매뉴얼을 생각하지 않고 그때그때 상황에 따라서 다르게 융통성 있게 응대를 해야 하는 경우도 분명히 존재합니다. 그런데 이런 상황 하나하나에 기본적인 매뉴얼에 따른 응대를 벗어나게 되면 논쟁이 일어날 수밖에 없습니다.

고객관리 서비스 응대를 어느 정도 객관화시켜서 진행하고자 하는 것이 매뉴얼입니다. 주관적이면서도 그때그때 마다 주먹구구식으로 응대하는 것으로 만족한다면 장기적 병원 운영에 문제가 발생할 수도 있습니다.

앞서 논쟁과 문제가 발생한다고 말을 했는데 이 부분에 대한 사례를 하나 소개하겠습니다.

피부과에 치료하러 온 사람이 레이저 치료를 받고 나서 결과가 좋아졌다가 어느 정도 기간이 지난 후에 다시 피부질환이 재발되었다면서 병원에 내원을 해서 불만족스러움을 이야기합니다. 즉, 컴플레인입니다.

병원에서 컴플레인이 발생하면 기본적으로 환자 응대의 동선이 꼬여버립니다. 데스크에서는 이 고객을 응대하느라 정신이 없고 기존에 있는 환자 응대도 제대로 이루어지지 못합니다. 하물며 숙달된 직원이 아닌 초보 직원이 응대하게 되면 응대 과정 자체가 자연스럽게 진행되지 못합니다.

위와 같은 상황은 예시가 아니라 실제 겪은 상황입니다. 이는 많은 병원에서 겪고 있는 응대 상황이기도 합니다. 사례로서 소개하지만 초기 응대를 제대로 하지 못하게 되면 결국 병원장까지 나서서 사태를 진정시켜야 하는 경우도 있습니다. 진료와 치료를 직접 하는 의사가 응대하는 것은 맞는 이야기입니다. 그러나 우리는 컴플레인을 통해 처음부터 직접적으로 기업의 회장이나 사장, 시구 청장, 은행장 등을 보지 않습니다.

고객관리 매뉴얼 포함되어야 하는 내용 중에 중점 키워드는 친절함입니다. 전화응대, 온라인상담, 치료 이후의 고객관리 과정에 모두 들어갑니다. 친절함이라는 무기를 기본적으로 장착한 매뉴얼이 체계적으로 확립된 곳과 그렇지 않은 곳을 실제로 비교해보면 매출의 간극 차이가 분명 존재합니다. 이것은 당연한 이치라고 볼 수 있습니다.

의사가 치료와 시술 및 수술만을 잘한다고 해서 병원의 매출이 올라가지 않습니다. 그것은 당연하게도 기본적으로 갖고 있어야만 하는 첫 번째 무기이고 그 이외에 보조적인 무기들이 필요합니다. 그것이 바로 매뉴얼입니다.

병원에 내원을 한 고객 및 환자를 맞이해주는 태도부터 시작해서 내원을 한 용건이나 민원 내용에 대해 신중히 그리고 친절하게 들어주는 태도를 가져야 합니다. 병원에 있으면 어쩔 수 없이 기다리게 되는 일들이 너무 많습니다. 이런 경우 우선 양해를 구해야 하고 기다려야 하는 시간이 길어지는 경우 중간에 이유와 상황을 설명해야 합니다.

고객이 실수하거나 지나친 언행으로 기분을 상하게 해도 똑같은 태도로 기분을 상하게 하면 오히려 좋지 않습니다. 가능한 감정을 억제하고 차분하게 현 상황에 맞게 성숙한 자세로서 응대하는 것이 바람직합니다. 또한, 바쁘더라도 귀찮은 기색을 보여주거나 불필요한 말을 하지 않습니다.

친절하게 한다고 해서 힘이 들까요? 그렇지 않습니다. 남에게 친절을 베푼다고 해서 돈이 들지 않습니다. 남녀노소 불문하고 연령에 상관없이 누구라도 좋아합니다. 그리고 친절은 경쟁에서 우위의 확보할 수 있게 도움을 주며 동시에 이 친절로 인해서 많은 사람을 확보할 수 있습니다. 그 사람들이 결국 다른 사람을 소개해주고 지속적인 구전 활동으로 환자와 병원을 이어줄 수 있게 하는 촉진제가 되기도 합니다.

고객과 친밀감 형성에 있어서 매뉴얼이 좋지 않다고 하는 경우도 있습니다. 더 친근하게 대화를 해가면서 응대를 해야지만 고객이 좋아하고 재구매나 소개가 이루어진다고 생각들을 합니다. 일종의 화술로서 접근하는 방식을 말하는데 이것은 맞는 이야기이기도 하지만 앞서 말한 매뉴얼이 기본적으로 지켜진 다음에 그런 환경을 형성해야지만 바람직한 상황이라고 볼 수 있을 것입니다.

모바일 세상에서의 마케팅

세상이 바뀌어 다들 손에 스마트폰을 들고 다니고 있습니다. 현대인들은 스마트폰 없이 생활하기 힘들 정도이고 거의 스마트폰의 노예가 되었다고 해도 과언이 아니죠. 이런 상황에서 내가 아플 때 병원을 결정하기에 앞서 확인하고자 하는 정보 역시 스마트폰으로 검색해서 확인합니다. 실제로 네이버의 경우 검색 유입 통계를 확인해보면 데스크톱 PC에서의 유입보다 모바일에서 검색해서 유입되는 수치가 압도적으로 많습니다.

데스크톱 PC를 사용해서 확인한다고 해도 그 점유율은 스마트폰 즉 모바일 검색 유입 점유율에는 한참 못 미칩니다. 실제 검색 사용자 통계를 보면 적게는 두 배 많게는 열 배 이상 차이가 납니다.

이런 상황에서는 당연히 모바일 스마트폰 환경에 맞는 마케팅 전략과 방향을 구상하고 모색해야 합니다. 병원의 홈페이지부터 시작해서 마케팅 채널로 활용할 블로그와 카페, 영상 콘텐츠 그 외 상담을 할 수 있는 채널 등을 전부 모바일 환경을 생각해서 그것에 맞게 세팅을 하는 것입니다.

홈페이지로 예를 들자면 모바일 환경에서 최적화된 반응형 홈페이지를 제작하는 것이 도움이 됩니다. 반응형 홈페이지가 아닌 일반 홈페이지의 경우 데스크톱 PC 버전과 모바일 버전을 따로 이원화시켜 서비스되고 관리가 되기 때문에 관리와 유지 면에서 효율이 떨어질 수밖에 없습니다. 또한 요즘과 같이 여러 디바이스가 나온 환경에서는 모바일 스마트폰뿐만 아니라 노트북과 태블릿 환경에서도 홈페이지 화면이 잘 맞추어져야 합니다. 디바이스뿐일까요? 데스크톱의 경우 근래에는 와이드형 모니터 사용이 늘고 있는 추세이기 때문에 해당 모니터에서도 최적화된 화면으로 나와야지만 텍스트의 가독성이나 디자인의 밸런스가 좋습니다. 결국, 반응형 홈페이지가 이런 환경에서는 최적으로 노출될 수 있다는 것을 알아두고 있어야 하겠습니다.

반응형 홈페이지가 아닌 그렇지 않은 홈페이지를 보다 보면 화면 비율이 맞질 않아서 여러 디스플레이에서 보기 좋지 않은 경우도 있고 텍스트의 가독성도 떨어지는 경우가 많습니다. 이런 불편함을 미리 예견한 병원들의 경우 이미 반응형 홈페이지 환경을 채택해서 제작하고 실제 운영 중에 있습니다. 만일 이번에 새로 병원 홈페이지를 만들어 보게 된다면 꼭 반응형 홈페이지를 염두에 두고 기획을 해보는 것이 좋겠습니다.

병원 진료 상담 같은 경우 예전에는 홈페이지에 들어와서 회원 가입을 거쳐 로그인을 한 상태에서 온라인 상담 게시판에 글을 남겨야 했습니다. 그러나 근래 들어서는 이런 게시판 기능을 활용하는 추이가 변하고 있습니다.

병원뿐만 아니라 온라인상에서 사람들이 서비스나 상품을 콘텐츠를 할 때 복잡한 구조를 싫어합니다. 복잡하게 되면 바로 이탈하기 마련이죠. 이런 부분 때문에 홈페이지 가입을 통해서 상담을 유도한 채널의 구조는 쉽게 이탈하기 마련이라는 것입니다.

근래에는 온라인 상담 채널을 포털 사이트에서 제공해 주는 상담 프로그램을 활용하는 경우가 있고 그 외 전 국민이 사용하고 있는 카카오톡 메신저를 통해서 상담을 하는 경우가 대부분이라고 보시면 됩니다. 고객과 관계를 맺고 또한 관리에 최적화되어 있어 점차 사용을 하는 병원들이 늘고 있는 추세입니다. 메신저의 정식 명칭은 카카오톡 플러스친구입니다.

카카오톡 플러스친구 채널의 특징을 잘 활용을 하면 거기에 따른 장점들이 있습니다. 단방향 유입 마케팅으로 일방적으로 콘텐츠를 푸시해서 노출하는 것이 아니라 소통하는 마케팅 즉 쌍방향 마케팅 방식의 채널로 활용됩니다. 또한 사용자 친화적인 앱의 UI나 기능적인 측면이 있으며 게다가 일반 문자메시지보다 저렴한 단체 메시지 보내기 기능까지, 카카오톡 플러스친구 채널을 고객 상담 창구로 잘 활용한다면 수월하게 고객 관리를 할 수 있을 것입니다.

병원 SNS 채널의 대한 단상

스마트폰 이용자들이 모바일 앱 중에서 가장 사용을 많이 하는 앱이 SNS입니다. 하루에도 대부분 많은 시간을 SNS 앱에서 보내게 되죠. 여기서 말하는 SNS는 인스타그램, 페이스북, 틱톡 등을 말합니다. 그렇다면 병원의 경우도 이런 SNS를 활용하면 좋은 것인가라는 질문이 가능합니다.

결론부터 말하자면 'SNS채널의 경우 마케팅 채널 도구로 부수적인 효과가 있다'라는 것을 이해하고 활용을 하는 것은 좋다는 의견입니다. 그러나 SNS 채널이 병원 홍보에 메인 채널로 앞세워서 관리가 되면 비효율적이라는 것입니다. 병원을 내원하게 될 잠재 고객들이 과연 SNS만을 보고 병원 선택을 하겠냐는 것입니다. 결론은 그렇지 않다고 얘기할 수 있습니다.

인스타그램을 예를 들자면 해당 플랫폼은 사진 기반 SNS입니다. 한 번도 사용해보지 않은 사람들은 있겠지만 한 번만 사용해본 사람이 없을 정도로 매우 많은 이용자를 가지고 있는 플랫폼이죠. 인스타그램은 사진을 찍거나 이미지를 만들어서 올리고 소통하는 글을 작성해서 또 다른 이용자에게 노출을 합니다. 개인이나 비즈니스를 하는 사람들도 많이 이용을 합니다.

사진이나 이미지 콘텐츠를 노출하는 유저와 그것을 소모하는 이용자 사이에는 상호작용이 될 수 있게 실제 소통을 합니다. 개성이 강한 유저들 같은 경우 팬덤이 작용하기 때문에 그 팬덤의 효과로 실제 여러 혜택을 누리는 경우가 있습니다. 전부 다룰 수는 없지만 이러한 케이스들이 실제로 많이 있습니다.

SNS 채널의 성격들만 봐도 어떻게 채널을 운영해야 할지 감이 올 것입니다. 결론적으로는 병원의 단편적인 진료 및 치료 정보만을 주는 마케팅 방식으로 SNS를 활용하면 의미가 없다는 것입니다. 그런 일방적인 정보성 콘텐츠를 보고 해당 병원을 가야겠다.'라고 생각하지 않는다는 것입니다. 소통이 없는 SNS 채널은 병원 선택에 유의미한 요인을 제공해 주지 않습니다.

그렇다면 어떻게 활용을 하는 것이 좋을까요? 병원의 입장이 아닌 의료진, 즉 의사가 직접 SNS채널은 운영 하는 것이 더 바람직 할 수 있습니다. 앞서 말한 팬덤 활용의 일종으로 실제로 전문직 의사나 변호사 등이 개인 SNS를 통해 개인 퍼스널 브랜딩에 성공한 사례가 많습니다.

　이러한 퍼스널 브랜딩의 효과는 영구적인 것임을 알아야 합니다. 만일 의사가 A라는 병원에서 B라는 병원으로 옮기게 되는 가정을 한다면 어떻게 될까요? SNS 채널에서 팬덤이 있는 의사라면 그 의사를 보고 신뢰하기 때문에 옮긴 병원을 가게 될 가능성이 많다는 것입니다. 이렇게 퍼스널 브랜딩 목적으로 SNS를 운영을 하실 거라면 운영자 즉 의사의 캐릭터를 잘 나타내야 합니다.

　캐릭터라는 것은 자신만의 세계관이 있고 특징들이 있음을 잘 나타내야 합니다. 즉 의사가 직접 운영을 할 때는 본인만의 확고하고 명확한 화법으로 이야기를 전달하고 소통을 하는 것이 좋습니다. 남이 해서 그저 좋아 보이는 그런 여행 게시물이나 취미 관련 게시물을 복사 붙여넣기처럼 일반적으로 올리신다면 그 방법은 추천해 드리지 않습니다.

　병원 자체적으로 SNS 채널을 운영하는 방법도 있습니다. 앞에서 운영 효과에 대한 견해를 말씀드리긴 했습니다만 병원 계정으로 활동을 하는 것이 전혀 해답이 아니라는 것이 아닙니다. 그 활용 방안에 대해서는 적극적으로 모색을 해야 합니다. 사실 여러 병원의 SNS 채널들을 비교할 수 있는 핵심 지표는 없습니다. 유명한 병원 여러 곳 검색을 해보면 알겠지만, SNS 채널 운영을 꾸준히 하는 곳도 있고, 그렇지 않은 곳들도 많으니 이 부분을 잘 참고해서 운영을 하는 것이 좋겠습니다.

　만약 병원 자체 계정을 활용하여 운영한다고 생각한다면 일단 운영을 해보시기 바랍니다. 그런데 막상 어떤 사진을 찍어 올려야 될지 어떤 콘텐츠를 기획해서 올려야 될지 막연하실 수 있을 겁니다. 그럴 때는 일상적인 글을 올려보시는 것이 좋겠습니다. 만약 환자분들이 내원하면서 감사의 의미로 작은 케이크 등의 선물을 주고 가셨다고 한다면 그것을 사진으로 남겨 보시기 바랍니다. 병원에서 전달하고 싶은 진료 정보나 내용도 좋습니다. 일방적인 광고 게시물을 남기는 것은 추천해 드리지 않습니다.

SNS에 올릴 사진 및 이미지 콘텐츠가 중요하기도 하지만 앞서 언급한 대로 SNS는 소통이 기본입니다. 소통 없는 채널 운영은 아예 처음부터 하지 않는 것이 좋겠습니다.

병원도 유튜브가 대세?

요즘 주목받고 있는 플랫폼은 유튜브입니다. 대세 채널이라고 볼 수 있죠. 모든 콘텐츠가 유튜브로 통합니다. 병원도 마찬가지이기 때문에 많은 병원이 해당 플랫폼에 뛰어들고 있습니다.

유튜브 채널 운영으로 마케팅 측면으로 보았을 때 사실 이견이 많다고 말할 수 있습니다. 이견이 많다는 것은 과연 좋은 것인지 안 좋은 것인지 정답이 없다는 의미입니다. 열심히 영상 콘텐츠를 찍고 편집해서 올리는 병원 중에 실제 병원 운영과 매출에 도움이 되는 곳들이 있고 또 그렇지 않은 경우도 있어서 실제로 잘 운영을 하다가 유튜브 채널 운영을 중단하는 때도 많이 있습니다.

유튜브 채널 운영을 중단하는 경우는 과연 왜 그럴까요? 바로 영상 콘텐츠를 보고 결과적으로 병원에 내원하게 되는 전환율에서 오는 간극입니다. 유튜브 마케팅으로 조금 검색을 하다 보면 표본 이론이라는 것이 나옵니다. 간단하게 말해서 유튜브 채널의 알고리즘은 더욱 더 많은 사람에게 노출되고 해당 영상을 보이게 만들어진 알고리즘 구조라는 것입니다.

타깃 층이 명확하고 분명한 병원이라는 시장의 특성상 소재도 한정적일 수밖에 없습니다. 질환과 치료에 대한 내용 등이 주를 이루는데 이것이 수많은 사람에게 다가가기란 한계가 있고, 실제로 그 많은 사람 즉 전국에 있는 모든 사람이 콘텐츠를 본다고 하더라도 실제 병원에 방문하는 사람들은 그중에 일부라는 것입니다. 극소수에 사람들만 선택 한다 뿐이지 영상 콘텐츠를 보고 병원을 선택하는 사람들은 드물다는 것입니다.

영상 콘텐츠가 병원의 선택요인으로 작용하지는 않습니다. 그저 정보만 소비될 뿐입니다. 한마디로 말해서 영상 콘텐츠는 그냥 소모적인 콘텐츠인 것이라는 것입니다. 유튜브 영상을 시청하고 정보를 얻은 다음에 그 정보를 가지고 다시 검색하기까지 시간이 걸립니다. 당연히 전환이 느린 것이고 실제 전환 되리란 보장도 없습니다. 한마디로 유튜브 플랫폼은 전환율이 낮다는 것이 결론입니다. 물론 해당 영상 콘텐츠를 시청을 하고 신뢰가 가서 병원에 내원을 하신 분들도 있을 것입니다.

유튜브 채널을 제대로 공략하려면 유튜브에만 한정되어 활용하면 더 이상의 진전은 없습니다. 제대로 활용하기 위해서는 영상 콘텐츠를 유튜브에만 업로드하지 말고 전방위적인 플랫폼 활용을 하는 것이 좋겠습니다. 진료에 대한 정보 영상을 기획을 하고 촬영을 했다면 결과물을 그냥 내버려 두거나 낭비하지 않는 것이 좋습니다. 제작이 완료된 영상 콘텐츠를 병원 원내에서도 환자들이 볼 수 있게 여러 디스플레이스를 활용을 하는 것이 좋습니다. 병원에 내원한 고객들이 영상 콘텐츠를 지속적으로 시청할 수 있게 태블릿PC 또는 TV에 나올 수 있게 하며 또한 홈페이지나 블로그에서도 빠지지 않게 활용을 하는 것이 바람직하겠습니다.

병원 볼륨에 집중하자

옛말에 '잘 모르겠으면 큰 병원 가라.'라는 말이 있습니다. 어떤 아무개 의사가 실력이 있는지 없는지 신통방통한지도 잘 모르지만 결국 큰 병원을 선호하게 되는 이유는 그 몸집이 가지고 있는 브랜드 네임 밸류가 있기 때문입니다.

로컬 병원은 그래서 몸집이 크게 보이는 것이 중요합니다. 우리 병원은 일개 동네 의원이고 상급병원도 아닌데 어떻게 몸집이 크게 보이게 하느냐고 반문할 수 있습니다.

그것은 작은 평수의 집을 어떻게 넓어 보이게 하느냐 와도 같은 의미와도 같습니다. 이것은 물리적인 배치가 투영되어 할 수도 있지만 정작 중요한 사항은 물리적인 포인트가 아니라는 것입니다. 작은 병·

의원들이 크게 보이게 하는 방법은 단순히 물리적인 요소를 확장하는 것이 아니라 진단 및 치료시설, 부대장비나 병원 물품, 직원 관리에 있어서 외부로 노출되는 콘텐츠의 유기적인 파이프라인을 만들어 내는 것으로 귀결됩니다.

여기서 말하는 파이프라인은 일종의 병원 시스템으로 주먹구구식으로 대처하는 그런 상황을 말씀드리는 것이 아닙니다. 병원의 정립된 리셉션과 진료과정 그리고 전 의료진들의 서비스 응대 모습입니다. 이 부분을 홈페이지나 블로그를 통해서 잘 보여주기만 해도 병원의 모습은 볼륨감이 있어 보이게 됩니다. 이 방법을 하는 곳 안 하는 곳의 차이는 천지 차이이며 선택 요인에 있어 하는 쪽으로 더 유입이 될 수 있게 만드는 요소입니다.

환자가 동네 이비인후과를 방문한다고 가정해 보겠습니다. 구전이 아닌 처음 온라인으로 검색하고 가려고 하는 과정의 눈에 띄는 콘텐츠가 있는 병원과 아닌 병원이 있다면 어느 곳으로 갈까요?

병원의 선택 요인은?

의사의 실력 45.3%

지리적 위치(접근성) 20.1%

전통과 네임밸류 13.7%

지인의 병원 소속 여부 7.2%

의료진들의 친절도 4.7%

병원 인테리어와 시술 2.9%

첨단 의료장비 구축 2.5%

진료 예약의 간편함 2.5%

진료시간(야간진료) 0.7%

타 병원에 없는 진료 프로그램 0.4%

진료 및 치료비용 0.4%

'C' 병원 내원경로 통계

병원의 선택 요인별 빈도는 위에 수치에서 보시다시피 가장 압도적인 요인으로 의사의 실력입니다. 이는 어찌 보면 환자의 당연한 선택일 수밖에 없습니다. 이 외에 다채로운 병원 선택 요인들이 있는데 이러한 요인들을 어떻게 마케팅적으로 풀어내느냐가 관건이 되겠습니다.

중요한 것은 여러 요소들을 얼마나 디테일하게 병원에 녹여 내느냐인데 가장 필요한 것은 온라인에서의 노출 방법입니다. 가장 손쉽게 접근할 수 있는 방법이 홈페이지와 블로그를 통해서 우리 병원을 노출을 하는 것입니다.

일반적인 병원 홈페이지를 들어가게 되면 진료와 치료에 대한 설명, 적응증, 주의사항 등 이런 천편일률적인 내용들 위주로 나와 있는 병원들이 대부분입니다. 이런 내용은 그저 다른 병원 홈페이지에서도 나오고 있는 정보일 뿐이며 전혀 환자에게 선택요인을 줄 수 없는 부분입니다.

이 부분은 후에 나오게 될 랜딩페이지 관련 목차에서 다시 자세히 설명하고 어찌 됐든 앞서 말한 선택요인 빈도 항목에 나온 내용과 요소들을 홈페이지와 브랜드 블로그에 녹여내는 작업을 해야 합니다. 병원의 마케팅 소구점들을 만들어서 지속적으로 업데이트를 하며 노출을 진행하는 것이 필요합니다.

소구점은 상품 수요자에게 호소하는 부분이나 측면이라고 볼 수 있습니다. 우리 병원의 잠정이자 마케팅 포인트와도 같습니다. 일반적인 장점에 대해서 우선 나열을 해보겠습니다.

- 좋은 학벌과 해외 유학에 대한 이력이 있다.
- 병원에 대학병원 급 의료기기 장비들이 있다.
- 큰 규모의 병원 및 세련된 인테리어가 있다.
- 다른 병원에서 하지 않는 시술 및 수술이 있다.

이와 같은 부분은 정말 말 그대로 일반적인 내용들입니다. 셀링 포인트로서는 장점이 되지 않습니다. 위에 선택 요인 항목에서 나와 있듯이 선택 비율이 그렇게 크지 않습니다. 환자에게 어필할 수 있는 것은 의사의 실력을 뒷받침하는 배경적인 요인들입니다. 그렇기 때문에 가치를 어필하자면 시술 및 수술에 대한 후기를 노출하는 것이 좋습니다. 또한 사회적 근거로서 언론 출연이나 대외적인 활동 부분을 노출하는 것이 좋습니다.

제2장
마케팅 전략

기본적인 온라인 광고는 하자

환자들이 기본적으로 온라인에서 병원을 알아보기 위해서 진료 키워드로 검색을 하거나 가까운 병원에 가기 위해서 검색을 해서 알아봅니다. 무엇을 먼저 보게 될까요? 바로 위치 정보입니다. 보편적으로 많이 볼 수 있는 정보이기도 하고 우선적으로 치료가 급하거나 또 편하기 위해서 가까운 병원을 선호하는 경향이 있습니다.

위치 정보를 알아보기 위해서는 포털 사이즈의 지도 영역을 확인을 합니다. 여기서는 네이버 포털 사이즈 기준으로 이야기를 해보겠습니다. 가령 지역 + 피부과로 검색을 하게 되면 플레이스 영역에 몇 군데 병원이 표시가 됩니다. 그 병원들 가운데에서 환자가 가고자 하는 병원의 정보를 알아보기 위해서 클릭을 하게 됩니다. 이 플레이스 영역에는 다양한 병원 정보를 노출시킬 수 있습니다. 기본적인 위치 정보부터 진료시간 홈페이지나 블로그 링크, 주요 진료 키워드 소개할 수 있는 태그 영역, 인테리어 사진, 가격 표시, 그리고 전반적인 병원의 소개 글, 방문자의 리뷰 등이 노출되어 있습니다.

플레이스에 병원 진료 내용을 알차게 구성해서 활용을 해야 고객 유입이 높습니다. 아무 정보가 표시되어 있지 않으면 병원의 신뢰도가 올라갈리 만무하죠. 가장 좋지 않은 케이스는 정보가 거의 없는 병원입니다. 주소나 전화번호만 있고 홈페이지 정보나 병원 소개 정보 등이 없는 병원이죠. 이런 병원들일 경우 환자가 선택을 하지 않습니다. 이 점을 명심해서 플레이스 영역을 세팅을 하는 것이 좋겠습니다.

병원 마케팅 컨설팅 및 마케팅 미팅을 해보면 간혹 키워드광고는 효과가 없다고 원장님들이 있습니다. 솔직히 많습니다. 키워드 광고 운영을 하는데 비용을 아무리 많이 써봤자 효과가 없다 환자 유입이 없다 전환이 없다고 말을 합니다. 그런데 정작 이렇게 하소연하시는 원장님들의 키워드광고 운영을 모니터링 하다보면 키워드 광고 운영에 있어서 허점투성입니다. 어떤 허점을 발견했을까요?

허점의 가장 큰 포인트는 키워드의 카테고리, 소재, 순위나 가격을 포함하는 전략이 아닌 홈페이지입니다. 결국 홈페이지가 문제가 있다고 말할 수 있는데 이는 앞선 챕터에서도 언급한 내용과 연결됩니다. 이용자들이 검색을 해서 키워드를 클릭하고 보여 지는 병원 랜딩페이지가 일반적인 진료 정보의 나열만 있다면 그 것이 과연 병원 선택요인이 될까요?

전혀 그렇지 않습니다. 진료와 치료에 대한 정보는 어느 병원이든지 노출이 가능하며 거의 비슷한 수준의 치료 내용과 결과를 나타내게 됩니다.

정작 중요한 것은 왜 우리 병원을 선택해야 되는지 소구점을 나타나게 하는 것입니다. 단순히 우리 병원으로 오세요가 아니라 왜 우리 병원에서 치료를 받아야 하는지가 해당 치료 방법에 대한 메리트를 무엇인지 보여주는 것이 중점 포인트입니다. 그러려면 진료와 치료 내용 다음 추가로 병원의 마케팅 소구점들을 랜딩 페이지에 추가적으로 업그레이드하는 것입니다.

가령 정형외과 재활의학과 진료 병원 같으면 도수치료 방법을 기본적으로 서술이 되어 있어도 그 외에는 왜 우리 병원의 도수치료가 특별한지 타 병원과의 차별 점은 무엇이 있는지 등 이런 부분들이 추가되어 있어야 괜찮은 랜딩 페이지라는 것입니다. 괜찮은 랜딩 페이지와의 키워드 광고의 연결로 효율을 올림으로서 온라인 광고의 첫 번째 세팅을 하게 되는 것입니다.

키워드 광고는 휘발성이라고 보시면 됩니다. 비용이 빠지기만 하는 광고비용으로서 얼마든지 누수 될 수 있는 비용이라는 것을 유념해야 합니다.

마케팅에 쏟아 붓는 병원 원장님의 광고 투자 비용이 아깝지 않게 광고를 하려면 꼭 괜찮은 랜딩 페이지를 만들어야 합니다. 괜찮은 랜딩페이지 보다 더 괜찮은 랜딩 페이지를 만들고 싶다면 70쪽의 '괜찮은 랜딩페이지를 만드는 방법' 챕터를 확인하시길 바랍니다.

온라인 광고의 두 번째 세팅은 여러 갈래의 길목의 병원을 보이게 하는 것입니다. 병원까지 올 수 있는 길목에 여러 갈래 길이 있다고 표현을 하는 것으로 설명할 수 있을 것 같습니다. 이는 키워드 광고 이외에 채널 즉, 블로그나 카페, 지식인 그 외 언론 보도, 동영상 채널 등 여러 채널 영역에서의 노출을 의미합니다.

가령 '임플란트 치과'라고 온라인에서 검색할 때 병원까지의 도달하는 루트를 여러 군데 깔아둠으로써 병원과 마주칠 수 있는 확률을 높이는 것입니다.

해당 키워드를 검색 광고에만 노출할 것이 아니라 동시에 포털 사이트의 전반적인 부분 즉, 블로그와 카페, 언론 보도, 지식인 등에 함께 노출되어 보이면 더 좋습니다. 온라인 마케팅은 노출량과 싸움이기 때문에 다양한 플랫폼과 채널에서 노출이 되어야 합니다.

여러 영역에 노출됨으로써 쿠션 역할을 해주는 것으로 병원의 브랜드 노출이 더 많아지고 선택 확률이 높아지는 것입니다. 여기까지 기본적인 온라인 광고 세팅이라고 할 수 있겠습니다.

가령 우리 병원은 키워드만 하면 돼 또는 블로그나 카페만 잘하면 돼 그것만으로도 환자가 왜 이렇게 이야기를 하시는 원장님들이 있습니다. 이 얘기는 부정하지 않습니다. 그러나 '신규 환자가 늘지 않는다.' 이렇게 얘기하시면 곤란합니다.

온라인 광고의 기본은 블로그

다양한 마케팅 채널 중에서도 단연 병원에서 제일 많이 하는 것과 동시에 광고 효과가 좋은 채널이 블로그입니다. 사람들은 주로 포털 사이트 검색을 통해서 정보를 얻게 됩니다. 그중에서도 블로그는 무시하지 못합니다. 근래 아무리 SNS나 유튜브 등의 플랫폼이 활성화되었다고 해도 SNS나 유튜브에서 정보를 얻기 전에는 무엇보다 포털 사이트에서 노출되는 블로그에서 전반적인 정보를 얻게 됩니다.

다른 광고 채널은 운영하지 않는다고 할지라도 블로그는 꼭 운영하시는 것이 좋습니다. 그런데 이 블로그를 단순 광고 콘텐츠로 채워서 노출한다고 생각한다면 이 부분은 고민을 해봐야 합니다.

블로그를 운영해서 효과를 보지 못했다고 하는 원장님들이 있습니다. 그것은 일반적인 광고 콘텐츠로 도배해서 운영하는 포스팅의 퀄리티 때문입니다. 딱 봐도 병원의 광고임을 알아차릴 수 있는 블로그 포스팅을 노출한다면 해당 글이 상위에 노출된다고 하더라도 클릭을 하지 않을 수 있습니다. 설령 클릭한다고 하더라도 이른 시간 안에 이탈이 될 수 있습니다. 마케팅 목적으로 매출 증대와 이익을 생각하시겠지만 이런 식으로 운영한다면 매출에 영향을 전혀 끼치지 못할 수 있습니다.

정말 블로그 광고 효과를 보고 싶다면 단순 몇 건에 블로그 포스팅을 해주고 그 포스팅으로 상위 노출을 고려하는지 등에 대해서 고려해서는 안 됩니다. 단순한 광고성 콘텐츠 블로그 노출 방식은 병원에 이익을 가져다주지 않습니다. 그저 노출되는 것일 뿐이고 또한 소모되는 콘텐츠입니다.

정작 해야 하는 블로그 운영 방법은 병원과 의사의 브랜드와 네임 밸류를 알릴 수 있고 진료 철학을 관철할 수 있게 하는 가치를 전달하는 브랜드 블로그 운영 방식을 채택해서 진행해야 하는 것이 좋습니다.

브랜드 블로그 운영 대행을 하는 회사들은 많습니다. 병원을 전문적으로 하는 업체들도 있는데 잘 구분해야 할 것입니다. 업체들에서 제공하는 서비스의 기준과 퀄리티가 각기 다르기 때문입니다.

가장 좋은 병원 브랜드 블로그 운영 방법은 직접 운영입니다. 병원 상주 마케팅 담당 직원이 하는 방법도 있는데 의사 선생님께서 직접 블로그를 운영하신다면 더욱더 베스트입니다. 전문적인 내용과 자신의 치료 철학 등이 녹여져 글로 발행될 수 있기 때문에 제일 권해드리는 방법은 의사 선생님께서 직접 병원 브랜드 블로그를 운영하는 방법입니다.

광고 콘텐츠 포스팅이 아닌 의료 서비스의 가치를 제공하고 진료 철학을 보여주는 포스팅의 경우 조회수가 크지 않을 수 있습니다. 설령 그렇다고 하더라도 매출로 연결될 가능성이 큽니다. 병원 선택 요인으로 작용하기 때문입니다.

우리 병원의 의료 서비스 프로그램이 그만한 가치를 증명하고 보여줄 수 있다는 것을 글로써 보여주고 잠재 고객들이 동의를 끌어낸다면 병원으로 내원할 수 있게 할 수 있고 곧 수익과 직결될 수 있을 것입니다.

상위 노출이 답일까?

블로그에 관해 관심이 있다면 한 번쯤 들어봤을 용어입니다. 가장 많이 들어봤을 용어는 바로 상위 노출입니다. 블로그 상위 노출? 말 그 대로 포스팅된 정보가 검색 후 상단에 보이는 것입니다. 이 상황은 병 원 입장에서는 좋은 기회인 것은 맞습니다. 그런데 그 포스팅의 질이 광고성이 짙다? 그렇다면 문제가 됩니다.

주요 키워드로 '강남 피부과', '강남 성형외과' 등을 실제로 검색을 해보면 알겠지만 대부분 상위노출 되어있는 포스팅을 보면 병원이 아 닌 서비스를 진행한 환자 및 고객의 후기들도 있고 대놓고 병원에서 광고를 하는 곳이 많습니다. 첫 번째의 경우 사실상 병원의 후기 콘텐 츠이기 때문에 해당 글은 의료법에 저촉될 수 있는 소지가 있습니다.

두 번째 병원에서 노출되는 광고 포스팅은 볼 수 있는데 이것이 문제가 되는 것은 아닙니다. 단지 콘텐츠를 소비하는 환자 즉 잠재 고객과 광고물이 마주하게 되었을 때 얻게 되는 점을 생각해 보면 효과가 있을지 의문인 점입니다. 대부분 이해하기 힘든 비문에 돌려쓰는 이미지와 동영상까지 물론 그렇지 않고 정보를 주는 곳도 있습니다.

광고성 블로그 포스팅은 이미 네이버와 같은 포털 사이트에서 퇴출당하는 수순을 밟고 있습니다. 정확도와 문서의 퀄리티를 보는 구글의 경우에는 아예 예전부터 그런 글을 볼 수 없습니다. 일반적으로 많이 보게 되는 광고성 이미지가 가득한 포스팅들은 일반인들이 광고인지 다들 알고 있습니다. 이러한 광고성 포스팅들은 검색 사용자들에게 굉장히 피로도를 주게 됩니다. 이러한 방식의 블로그 포스팅은 병·의원을 비롯해서 다른 업종들도 마찬가지입니다.

블로그 포스팅에 정작 고객이 원하는 정보는 없고 단순 정보를 푸시만 하는 광고만 해대니 고객이 볼거리가 없기 때문에 혹시라도 블로그 포스팅을 클릭한다면 몇 초 안에 꺼버리기에 십상입니다. 바로 이탈된다는 것이죠. 그러나 소비자가 원할 만 한 진료 내용, 병변 및 질환에 대한 세부정보 등이 있으면 당연히 보기 마련입니다. 블로그의 체류 시간도 늘어나고 심지어 페이지뷰를 많이 할 수도 있습니다. 이렇게 되면 블로그의 지수가 올라가 좋은 점수를 받을 수 있습니다. 그렇게 해서 네이버가 지향하는 블로그 문서에 다가가는 것입니다.

C Rank, 다이아로직 등 여러 가지 네이버 블로그 알고리즘과 로직

에 대한 이야기가 많습니다. 이 내용을 강의를 하기도 하는 분들도 더러 있죠. 이러한 내용은 블로그를 운영하면서 나아가야 할 방향으로 참고를 하면 좋은 내용이지 알고리즘이나 로직에 관한 내용을 알아내려고 하는 것은 바람직하지 않고 사실상 필요하지 않습니다. 이러한 기술적인 아키텍처를 알아내기보다는 어떻게 하면 양질의 블로그 포스팅을 올릴지 고민하고 몰두하는 것이 더 바람직하겠습니다.

만약 우리 병원의 브랜드 블로그를 광고 대행사에 맡기고 싶다면? 대행을 맡기는 것은 가능합니다. 그런데 병원에서 원하는 포스팅의 퀄리티가 나오기 전무할 가능성이 큽니다. 왜냐하면, 병원 상품과 진료 내용에 대한 전문적인 이해도 면에서 전반적으로 떨어지기 때문입니다.

병원 진료상품에 대한 정보를 널리고 널린 온라인상에 정보로 단장 취의로 취합해서 한다고 쳐도 그것도 문제일 수밖에 없습니다. 검색해서 이미 어디서 본 정보이기 때문에 신뢰도 면에서 떨어질 수밖에 없으며 모두가 다 아는 정보로는 병원 선택 요인을 줄 수 없기 때문입니다.

무엇보다 중요한 것은 병원 입장에서 진료 상품과 내용에 대해 잘 알고 신뢰감을 줄 수 있는 포스팅을 발행해야지만 브랜드 블로그의 신뢰도와 아이덴티티가 형성되는 것입니다. 그것에 대한 출발은 우리 병원을 소구하는 포인트들을 미리 출발선에서 미리 깔고 가는 것입니다. 우리 병원의 소구점을 만드는 점, 그것은 우리병원을 선택해야만 하는 이유와도 같습니다. 이걸 잘 만들기 위해선 병원의 시스템과 진료 내용과 가 시술 및 수술 프로그램을 이해하는 마케팅 대행사 및 담당자와 함께 하는 것이 좋습니다.

일례로 작은 소규모 병·의원 급은 병원 데스크 직원에게 가끔 병원 브랜드 블로그 포스팅을 맡기기도 하는데 이 방법은 하나의 대안 방법이긴 하지만 이에 대한 의료진의 딜레마는 존재합니다. 간헐적으로 블로그 포스팅을 하자니, 정보의 질이 낮아질 수 있고 지속적으로 시간을 투자 하자니 데스크 직원의 원래 본 업무 영역이 있어서 당연히 업무가 과중 될 수 있습니다. 이런 병원 브랜드 블로그 마케팅 영역에 대한 부분을 해소하려면 병원 마케팅 전문으로 하는 광고 대행사나 그 외 외부 담당자 및 컨설턴트와 함께 하는 것이 좋습니다.

사업을 하면서 필요 요소는 업체를 알리는 데 있습니다. 그 가운데 브랜드를 알리는 온라인 채널의 경우 블로그가 제일 효율적입니다. 블로그는 필수이며 업체의 얼굴을 나타내기 때문에 관리를 잘해주시는 것이 포인트입니다. 일종의 자산으로 생각해서 가급적 전문적으로 관리를 대행할 업체를 선택하는 안목을 기르는 것이 바람직하겠습니다.

병원 브랜드 블로그 운영 방법

병원 브랜드 블로그 운영을 단순히 몇 건을 채워주는 방식의 마케팅 대행사를 선택해서 진행해서는 안 됩니다. 그렇게 우리 병원 블로그의 포스팅 개수를 채우는 것이 다가 아니라는 것을 아셔야 합니다.

블로그 운영의 정석과 본질은 정보 전달임을 잊지 말아야 합니다. 포털 사이트에 검색창이 있는 본질을 파악해야 합니다. 사람들은 무엇을 검색할까요, 그리고 어떤 때 검색할까요?

우선 무엇을 검색할까에 대한 포인트를 이야기해보겠습니다. 병원을 검색하는 사람들은 당연히 병원을 내원하기 위해서 검색을 합니다. 그런데 검색한 병원에 정보가 내가 원하는 정보인지 아닌지 판단 여부는 선택하는 요인 중에 작용하게끔 되어 있습니다. 보험 진료의 경우

장소가 가까운지 시술의 경우 의료진의 경력 등 이런 부분입니다.

　이러한 정보들을 원하는 사람에게 병원 장소는커녕 '장비가 어때 시술 가격은 이래' 이런 방식으로만 홍보한다면 제대로 된 정보 전달이 될까요? 전달은 되겠지만 선택 요인으로서 작용하는 비율이 떨어질 것입니다.

　병원을 검색해서 선택할 때는 몇 가지 정보가 필요합니다. 당장 급한 정보(위치, 질환 내용, 가격 등) 꼼꼼하게 읽어볼 정보(의료진 경력, 병원 후기 등)애 있습니다. 이러한 정보 중에 브랜드 블로그에 먼저 발행해야 하는 것은 당장 급한 정보입니다.

　이제 포인트인 앞서 얘기한 대로 어떤 때 검색할까요? 여기서 키워드 추출을 고민해보게 될 것이다. 이것은 의료진과의 브레인스토밍 또는 검색광고 툴을 이용한 추출 방법, 빅데이터 활용 등이 있습니다. 이에 대한 고민의 어젠다를 잘 뽑아낼 수 있는 사람은 병원을 전문적으로 마케팅 그리고 컨설팅하는 담당자가 됩니다.

　전문적인 영역은 논의를 통해 결과물을 도출을 하고 그 외에 사람들을 이목을 끌 수 있는 키워드 잡기 그리고 사진 콘텐츠 등을 잘 활용해서 블로그를 발행해야 합니다. 노출되는 콘텐츠는 보통 이미지 편집을 통한 결과물보다 일반적인 사진이 더욱 신뢰가 있다는 것을 알고 블로그 포스팅을 하는 것이 좋습니다.

　블로그를 비롯한 키워드 광고 등 온라인 광고의 본질은 많이 보여주고 객단가를 낮추는 데 있습니다. 그러면 여기서 짚고 넘어가야 할 병원 브랜드 블로그 마케팅 방식의 경우 과연 온라인 광고로 분류를 해야 할까요? 그렇지 않습니다. 블로그는 본질로 따지고 짚고 넘어가면 광고 영역은 아닙니다. 물론 블로그로 광고를 할 수 있는 파워 콘텐츠 영역을 다르겠지만 말이죠. (파워 콘텐츠는 네이버 광고 상품입니다.)

블로그는 광고 영역이 아닌 좋은 콘텐츠를 양산해내는 플랫폼으로 인식하셔야 하는 곳입니다. 그런데도 불구하고 현재 2021년이 되었는데 병원 브랜드 블로그에 아직도 고객에게 불필요한 이미지들과 홍보성 멘트로 도배를 하는 병원들이 많이 있습니다. 이러한 병원 브랜드 블로그의 경우 결국 고객들이 많이 이탈되겠지만 말이죠.

블로그의 포인트는 불필요한 이미지는 필요 없이 고객이 필요한 정보 콘텐츠와 자사 브랜드 고유의 가치를 훼손하지 않는 콘텐츠를 발행하는 것입니다. 모든 병원의 원장님들은 당연하게도 병원의 부정적 이미지가 만들어지는 것을 원하지 않습니다. 그런데도 불구하고 일반적으로 대행사에 병원 브랜드 블로그를 맡겨서 순위 경쟁을 요구하는 원장님들이 있는데 이런 식으로 병원을 홍보하게 되면 고객이 선택해야 할 요인이나 명분은 어디에도 없는 것입니다.

그저 단순히 상위노출과 같은 순위 경쟁에 휩쓸리게 될 것이며 순위가 내려가면 족족 올려야 하므로 비용이 누수만 될 뿐 효과는 크지 않을 것입니다. 요새 소비자는 워낙 스마트하기 때문에 분별력을 가지고 있어 홍보 글을 가차 없이 꺼버리거나 이탈을 합니다. 이 부분을 명심해서 병원 브랜드 블로그 마케팅을 해야 합니다.

어쨌거나 병원 브랜드 블로그 마케팅은 검색 사용자에게 도움이 되는 콘텐츠를 제공해야 하죠. 그것이 그저 눈속임으로 접근해서 브랜드 가치를 떨어뜨리는 일이 없어야 합니다. 가장 좋은 병원 브랜드 블로그 마케팅은 의료진 자신이 소비자 관점에서 도움이 될 만한 정보를 파악해서 질 좋은 콘텐츠를 발행하는 것입니다. 여기서 포인트는 말 그대로 소비자 관점입니다. 의료진의 관점으로 의사가 아는 내용과 정보를 나열하게 되면 냉정하게 얘기해서 의사들이 좋아하는 콘텐츠일 뿐입니다. 어려운 용어로 설명되어 있고, 풀이되어 있는 내용은 사실 일반 소비자는 이해할 수 없으며 관심도 없습니다.

예를 들어 눈 밑 다크서클 시술 방법에 대해서 궁금한 A가 있다고 가정해보겠습니다. 그렇다면 A는 어떤 방식과 과정으로 병원까지 유입이 될까요? 일단 검색을 하는 것이 일반적입니다. 그래서 눈 밑 다크서클이라는 키워드를 포털 사이트에서 검색합니다. 검색하고 나면 블로그 영역에서 일목요연하게 보이는 개인 블로그 계정에서 노출되고 있는 각종 후기 콘텐츠들 그리고 광고 포스팅들이 있습니다.

A는 일단 광고 포스팅은 넘어가고 후기 영역들을 확인해볼 것입니다. 그 가운데 눈에 띄는 포스팅 제목이 있습니다. '눈 밑 다크서클 10여 년 시술 경험과 뒷이야기를 알려드립니다.' 이렇게 궁금증 유발이 되는 포스팅을 클릭하였습니다. 포스팅 내용에는 다수 케이스에 대한 실제 사례 그리고 부작용에 대한 이야기, 전후 사진 케이스를 볼 수 있도록 연결해 둔 홈페이지 링크까지 있으면 궁금해서라도 클릭을 해서 넘어가겠죠. 이것이 성공적인 포스팅 케이스 입니다.

결국 A는 홈페이지에서 체류하게 되고 전후 케이스를 확인을 보면서 병원에 대한 신뢰감을 얻게 되고 온라인 상담으로 넘어갈 수 있게 됩니다. 비용 안내나 내원 상담에 대한 유도 안내를 듣고 실제 병원에 내원을 해서 수가에 대해 결제까지 하게 되면 이것이 성공적인 병원 브랜드 블로그 마케팅의 케이스가 되는 것입니다.

고객을 설득하고자 한다면 고객이 궁금한 부분 니즈가 있는 점을 파악해서 고객의 언어로 치환해서 설명하고 설득해야 합니다. 병원과 의사만 알고 이해하는 언어로 포스팅을 하는 것은 바람직하지 않습니다.

설명만 하기보다는 가급적 대화를 할 수 있도록 끌어내야 합니다. 포스팅 할 때 병원과 의사의 입장에서만 이야기하고 설명을 하기보다는 잠재 고객의 목소리를 귀 기울일 수 있도록 대화를 유도하는 글을 쓰게 된다면 해당 포스팅에는 댓글이 달릴 가능성이 큽니다. 그렇게 해서 지속적인 대화를 해나가다 보면 소통이 될 수 있는 또 하나의 병원 홈페이지와도 같은 플랫폼이 탄생하는 것입니다.

이제 첫 문단의 본질에 대해서 다시 꼭지를 짚겠습니다. 결국, 병원 브랜드 블로그 마케팅의 본질은 유용한 정보의 전달입니다. 단순한 정보의 나열, 흥미를 유발하는 데에서 끝나는 것이 아니라 감각적인 카피라이팅으로 사람들을 끌어당기는 포스팅을 해야 합니다. 이런 문장 센스가 결코 경력이 많은 작가가 만들어 내는 것이 아니라는 점을 병원의 원장님께서도 인지해야 합니다.

환자들이 가치와 만족을 느끼기 위해서 검색하는 내용에 대한 해답을 줄 수 있는 내용은 과연 어떻게 하면 될까요?

-기미치료 잘하는 병원 고르는 방법

-시설 좋은 산부인과 찾는 노하우

-평생 다닐 수 있는 피부과 찾는 방법

-성형외과 선택 시 이것은 꼭 알아야 한다

위의 제목들은 가망 환자 고객들이 궁금해할 만한 내용을 감각적인 카피라이팅으로 기획을 해본 것입니다.

병원 브랜드 블로그 운영에 대한 고민이 있다면 지금부터라도 공부하시면서 다른 잘 운영되고 있는 블로그를 벤치마킹하시면서 시작을 해보시기 바랍니다. 여기서 말하는 잘 운영되고 있는 블로그는 병원만 국한되어 볼 것이 아닙니다. 병원뿐 아니라 전문적 블로그의 운영 방식 또는 관공서 블로그 및 퍼스널 브랜딩이 잘 되어 있는 블로그들을 많이 보고 또 자주 보면서 벤치마킹을 하는 것이 좋겠습니다.

기본적인 검색 광고 외 – 리타겟팅 광고

병원 홈페이지를 운영하면서 키워드 광고만 운영한다고 해서 문제가 될 것은 없습니다. 단 광고로 인해서 유입되는 잠재 환자 고객들이 일반적으로 한 번만의 검색 광고를 통해서 병원을 선택할 리가 없다는 점을 알아야 합니다. 환자들은 더 많고 다양한 병원의 정보를 보고 결정을 하는 것이 일반적입니다.

어느 한 병원을 보고 '이 병원으로 결정해야겠다.' 이런 생각은 들지 않는 것이 일반적입니다. 이는 병원을 비롯한 모든 서비스가 마찬가지입니다. 여러 가지 상품을 비교하고 분석해서 최종적으로 결정을 하게 되죠. 해당 과정에서 한 번 더 추가로 우리 병원을 노출해주고 상기시켜주고자 한다면 리타겟팅 광고를 해보는 것을 권합니다.

리타겟팅 광고의 원리는 이렇습니다. Re - Targeting이라는 단어와 같이 다시 타겟을 한다는 뜻입니다. 여기서 타겟은 홈페이지를 방문한 고객이 되겠습니다. 이는 잠재 고객을 지칭합니다. 즉 키워드 광고 및 직간접적으로 홈페이지에 유입된 방문자를 다시 타겟팅해서 광고 콘텐츠를 노출하는 방법이 리타겟팅 광고입니다.

한번 방문한 병원의 광고 콘텐츠 또는 홈페이지를 다시 볼 수 있기 때문에 노출량이 늘어남과 동시에 지속적인 인지를 시켜준다는 효과가 있습니다. 이는 병원의 입장에서는 좋지만, 소비자 입장에서는 계속 따라다니는 광고 콘텐츠가 반갑지 않을 수도 있습니다. 결과적으로 이탈 고객과 잠재 고객을 유입시키는 데에는 장점이 있지만 지속해서 광고가 노출되기 때문에 고객에게 부정적 인식을 심어줄 수도 있다는 단점이 있습니다.

리타겟팅 광고 플랫폼의 종류는 매우 다양합니다. 우리가 잘 아는 대표 포털 사이트인 네이버, 카카오, 구글에서 운영되는 제휴 매체사를 통해 노출되는 배너 형식의 광고가 있고, 이 밖에도 페이스북, 인스타에서도 리타겟팅 광고가 가능합니다.

어떤 광고 플랫폼이 우리 병원에 맞는지 또 비용 대비 효과를 볼 수 있는 매체는 무엇인지 따져보고 신중히 결정해서 진행해야 합니다. 타겟팅 할 수 있는 환자의 범위와 영역을 고려한다면 우리 병원에 내원할 수 있는 환자들이 어떤 플랫폼에서 머무르고 있는지 알 수 있을 것입니다.

기본적인 검색 광고 외 – SNS 스폰서 광고

앞에서 페이스북, 인스타에서 리타겟팅 광고가 가능하다고 했습니다. 이 방법은 이용자들의 스마트폰이나 PC에 저장된 쿠키 값을 이용한 광고 활용 방식입니다.

쿠키값이라는 빅데이터를 세분화해서 내가 광고를 보여주고자 하는 사람들을 타겟으로 설정하여 각종 SNS 이용자들에게 광고를 할 수 있는 방법이 있습니다. 이것이 바로 SNS 스폰서 광고입니다.

병원을 비롯한 미용 건강과 관련되어 관심이 있는 이용자들에게 연령대와 성별을 설정해서 광고를 노출할 수 있습니다. 며칠에 몇 번 광고가 보일 수 있도록 가능함과 동시에 광고비용을 일 예산으로 설정하여 집행할 수 있기 때문에 굉장히 효율적으로 운영할 수 있는 광고 방식입니다.

검색 광고는 검색했을 때 노출되는 광고이지만 이와 같은 SNS 스폰서 광고 방식은 강제적으로 노출하고 이용자들에게 도달할 수 있는 점이 검색 광고와는 다릅니다. 또한 관심사 키워드를 설정할 수 있는데 이 방법이 가능한 이유는 대표적인 SNS 플랫폼인 인스타그램의 경우 태그를 이용한 빅데이터 기반 플랫폼이기 때문입니다. 이를 이용해서 앞서 말한 병원 및 건강 미용에 관심이 있는 사람들에게 노출을 진행할 수 있기 때문에 마케팅의 시너지 효과가 날 수 있다는 점을 알고 있으면 좋습니다.

콘텐츠 기획

앞에서 주로 광고 방식에 대한 방법론을 주로 설명을 하였는데 사실 방법보다 그 광고를 통해서 보게 될 그리고 소비하게 될 콘텐츠에 내용이 더 중요하다고 할 수 있습니다. 이는 결국 기획이 가장 중요하다는 이야기입니다. 기획이 중요하다는 사실을 부정할 사람은 없습니다. 마케팅은 기획이 제일 중요하고 기획이 전부입니다.

마케팅 기획은 사고에서 시작 합니다. 그리고 글쓰기에서 끝이 납니다. 고객이 보는 모든 것이 글과 이미지입니다. 이미지에도 심지어 글이 들어가야 하고 그 글이 담긴 콘텐츠로서 환자를 우리 병원으로 올 수 있게 해야 합니다.

잘 기획된 콘텐츠는 홈페이지를 비롯해 여러 광고물에 쓰일 수 있습니다. 기획이라는 영역은 정말 광범위합니다. 정확하게 표현할 수 없고 정량화할 수도 없습니다. 카피라이팅에 중점을 둔 콘텐츠만을 기획할 수 있고 디스플레이의 중요성을 두어 이미지를 화려하게 보이게 하는 콘텐츠 기획을 할 수도 있습니다.

기획은 아이디어에서 출발합니다. 아이디어를 생각해 내려고 하는 것보다 이미 세상에 널려 아이디어가 있기 때문에 그것을 활용한다는 생각으로 아이디어의 사고를 전환하시길 바랍니다. 여러분들이 아이디어가 떠오르지 않는 이유는 그 세상에 널려 있는 아이디어를 찾지 않거나 찾으려고도 하지 않기 때문에 아이디어가 떠오르지 않는 것입니다. 결국 아이디어를 고민하고 고안해내서 기획하게 될 것인데 기획을 너무 어렵게 보지 마시길 바랍니다. 기획의 정석은 진실에 다가가는 것입니다. 기획할 때 뭔가 새로운 것을 찾지 마시길 바랍니다. 새로운 것을 만들기 위해서는 굉장한 시간을 소모해야 할 수밖에 없습니다.

기획이 무에서 유를 창조하는 작업이라고 생각하는 사람도 있습니다. 이 말은 반은 맞고 반은 틀리다고 볼 수 있습니다. 앞에서도 언급했지만 가장 쉬운 방법은 그저 진실만을 말하면 됩니다.

치과 진료 내용을 예를 들어 설명해 보겠습니다. 치아의 생명은 어디서부터 올까요? 치과 치료일까요? 아닙니다. 그렇지 않습니다. 치아를 건강하게 지키려면 양치 습관이 먼저입니다. 이를 카피라이팅 기술로 기획을 해보겠습니다.

[양치질을 꼼꼼히 하세요.] 캠페인 같아 보일까요? 너무 진부해 보

일까요? 그럼 말을 살짝 비틀어 보겠습니다. [양치질을 잘하면 치과에 오실 필요 없습니다. 단, 잘못하신 분들은 우리 치과에 내원해보세요.] 말장난 같아 보이지만 앞뒤 문맥이 이어지는데 문제가 전혀 없습니다. 앞에 말로 인해 성립된 뒷말과의 인과성으로 자연스러운 카피라고 볼 수 있습니다. 이처럼 소비자에게 스며들 듯이 자연스럽게 보이는 카페가 지루하지 않게 할 수 있습니다.

제시한 카피 내용이 새로워 보이는 분들이 있을까요? 전혀 아닐 것입니다. 이미 세상에 존재하는 보편적인 명제일 뿐입니다. 모든 것은 생각하기 나름입니다. 기획을 어렵게 보지 말고 아이디어를 고민해 보시기 바랍니다.

콘텐츠 기획과 아이디어에 대한 부분도 전략을 가지고 진행해야 합니다. 결과적으로 콘텐츠는 소비자 행동에 개입이 되기 때문입니다.

환자가 진료 전 단계에서는 본인이 가지고 있는 질환이나 치료가 필요한 문제 인식을 하고 정보를 탐색하기 시작합니다. 그리고 그 문제에 대안을 찾고 결정을 하게 되죠. 진료 후에는 만족의 평가를 진행하게 됩니다.

앞서 말하는 과정의 단계별로 적절한 콘텐츠를 제시할 수 있어야 하며 우리 병원에 대한 매력을 가질 수 있게 어필을 하여야 합니다. 이를 위해서는 정보를 노출하는 과정에서 환자와의 접점에서 보여줄 수 있는 콘텐츠를 개별적으로 기획해서 보여주어야 하겠습니다. 이를 위해서는 온라인 광고, 홈페이지, 병원 입구, 대기실, 진료실의 구간을 세분화해서 콘텐츠 기획을 진행해서 전략적으로 노출을 하는 것이 좋겠습니다.

　토끼가 다니는 길목에 올가미를 놓는다는 말 들어보신 적 있으실까요? 접점에 맞는 목적에 맞는 콘텐츠를 기획해야지 효과가 있고 좋은 결과를 낳을 수 있습니다. 목적 없는 콘텐츠는 불필요한 정보이며 소모되는 정보임을 유념하셔야 합니다.

의료법에 집중하자

진료 과목을 막론하고 모든 병원 업종의 경우 검색 광고 및 모든 온라인 오프라인 광고를 진행할 시에 의료법에 준하는 광고를 해야 합니다. 즉 의료법에 저촉하지 않은 광고를 하려면 모든 광고 시안에 대해서 의료광고심의를 받고 진행을 해야 합니다.

그런데 정작 의료법을 몰라서 헤매고 광고를 집행하는 경우가 매우 많습니다. 이렇게 의료법 저촉되는 광고를 진행하게 되었을 때 보건소로부터 행정 조치를 받는 경우가 종종 있습니다. 이런 경우 대부분 타 병원에서 마케팅 콘텐츠들을 보고 저촉되는 소지를 보고 신고를 한 것입니다. 이런 상황이 생기는 이유는 의료법에 무지해서 그런 것입니다.

의료법에 준하는 마케팅을 하고자 한다면 해당하는 의료법의 내용을 잘 알아야 하는데 사실상 내용도 방대하기 때문에 판례를 일일이 찾아가며 광고를 할 수는 없습니다. 이럴 땐 지역 보건소 의약과 담당자에게 문의하는 것도 좋은 방법입니다. 마케팅 방식에 문제가 없는지 의문이 들면 전화를 직접 해서 문의를 하는 것도 방법이라는 것입니다. 보건소 공무원뿐 아니라 일반적으로 공무원에게 전화하는 것을 대부분 어렵게 생각하는데 막상 전화해서 궁금한 점을 물어보면 응대를 매우 잘해줍니다.

마케팅 기획에 있어 문제 되는 소지를 만들어서 하는 경우는 많지 않지만, 간혹 과장 광고로 환자 유인을 하는 경우가 있습니다. 예를 들자면 비급여 시술 수가를 50% 이상 낮추어 서비스하는 유형, 비급여 시술에 대한 할인 내용을 환자 본인뿐 아니라 추가로 소개로 데려온 환자에게도 적용하는 유형 등 이런 내용은 모두 환자 유인행위입니다. 치료 하지 않더라도 진료를 위한 환자 유인행위는 의료법에 저촉됩니다. 치료도 마찬가지입니다. 치료에 대한 메리트를 주기 위해서 앞서 말한 대로 비급여 수가를 과하게 조절하는 것 또한 의료법에 저촉됩니다.

병원 입장에서 가장 광고하기 좋은 소재가 바로 전후 사진입니다. 이 전후 사진의 경우도 자칫 잘못 사용하게 되면 의료법에 저촉을 받게 됩니다. 사진에는 시술 및 수술 날짜가 적혀 있어야 하며 동일한 장소 동일한 환경을 만들어서 사진을 찍어 노출해야 합니다.

블로그나 카페를 통한 제3자의 병원 시술 및 수술 후기도 의료법 위반입니다. (의료법 56조 1항, 2항) 그렇기 때문에 이유 불문하고 제3자를 통한 체험단 후기 방식의 블로그 바이럴 마케팅도 해서는 안 됩니다.

위에 소개한 이런 사례들은 이미 의료법 관련 뉴스 및 언론 보도에서 노출이 된 바 있고 판례에서도 다루고 있으니 의료법 관련 키워드를 검색해 메디컬 뉴스와 보도 자료를 통해 내용을 숙지하는 것이 좋은 방법이 되겠습니다.

괜찮은 랜딩페이지를 만드는 방법

여러분께서 공기청정기 한 대를 구입할 예정이라고 가정을 해보겠습니다. 단순히 저렴한 가격으로 세팅된 공기청정기를 구매하실 것인가요 아니면 기능이 좋은 공기청정기를 구매하실 것인가요.

여기서 두 가지의 꼭짓점으로 나누어진 부분을 생각해 보겠습니다. 가격이 싼 제품을 선택하고자 한다면 말 그대로 가격이 저렴한 제품 페이지를 골라봐서 선택하면 됩니다. 그런데 기능이 좋은 제품을 보는 것은 다른 이야기입니다. 어떤 제품이 기능이 더 좋은지 모르기 때문에 여러 페이지를 확인해볼 수밖에 없습니다.

여러 페이지 중에서 나오는 제품 콘텐츠 중에 A 제품은 카트리지의 필터 시스템의 대해서만 설명합니다. 그리고 B 제품을 보니 제품의 특허출원이나 등록 여부 그리고 실제로 공기가 정화되는 영상 콘텐츠까지 함께 올려져 있는 설명 페이지가 있습니다. 그렇다면 어떤 제품을 선택하실 것인가요?

소비자 즉 구매자들은 눈으로 보이는 실질적인 콘텐츠와 데이터로 상품을 구분하고 선택을 합니다. 유형의 물체와 상품은 그렇습니다. 그런데 의료는 어떤가요? 눈에 보이는 제품은 아닙니다. 의료 서비스는 어떻게 보면 무형의 서비스이기도 합니다. 그렇기 때문에 눈으로 보이게 만드는 랜딩페이지의 콘텐츠의 결과를 생각해본다면 쉽지 않은 일이라고 생각을 합니다.

그런데 사실 그것은 잘못된 생각입니다. 눈에 보이지 않는다는 시각적 단점의 고민을 전환할 때입니다. 우선 필요한 것이 신뢰와 공감을 이끌어 내는 감성 마케팅을 활용하는 방법입니다. 이것으로 서비스의 가치를 올려주면 됩니다.

예를 들어 의사의 인터뷰를 영상 콘텐츠로 찍어 홈페이지에 올려 두는 것입니다. 영상 콘텐츠의 주제는 왜 의사가 되었는지 그것에 관해 설명을 하는 영상입니다. 스토리텔링 전략에 맞춘 기획과 콘텐츠는 환자들로 하여금 신뢰와 공감을 끌어내기 충분합니다.

의료가 제품이 아니라 볼 수 없고 만질 수 없어도 서비스를 소비한 환자들의 후기나 사례는 볼 순 있습니다. 병원을 선택하는 요소 중 이러한 사례와 케이스들도 선택 요인으로 작동하는데 이런 콘텐츠들이 랜딩페이지에 녹아 있으면 더 좋습니다.

앞에서 B 공기정청기 랜딩페이지 콘텐츠가 기억나는지요? 해당 페이지에는 제품의 특허등록 여부와 실제 작동 영상이 있다고 했습니다. 소비자들은 이런 디테일에 주목합니다. 작고 사소하지만, 디테일이 강해야 고객의 신뢰가 올라갈 수 있습니다.

이러한 디테일을 병원 랜딩페이지에 대입을 해보겠습니다. 예로 우리병원이 진료 서비스 하는 것이 지방흡입 과목이라고 하겠습니다. 지방흡입 시술에 관해 관심이 있는 환자에게 디테일을 표현하려면 어떻게 해야 할까요?

단순히 지방흡입에 관련된 진료에 대한 설명으로 끝나는 것이 아닙니다. 지방흡입 장비는 무엇을 쓰고 있으며 이 장비는 어떤 회사의 제품인지 그 회사의 연혁과 히스토리 등 얼마나 안전하면서도 글로벌한 장비인지 더 디테일하게 설명이 되어 있다면 그것에 대해 소비자는 더욱 주목할 수밖에 없습니다.

우리는 영화를 보면서도 설정과 고증을 중요하게 생각합니다. 영화 속 내용이 디테일이 부족하고 개연성이 없으면 재미가 없어서 보질 않습니다. 이것과 일맥상통하다고 볼 수 있습니다.

병원의 홈페이지와 랜딩 페이지들이 획일화된 내용 타 병원과 차별점이 없어 보이는 일반적인 진료 내용을 써두고 광고를 하고 있다면 홈페이지 제작비용부터 도메인, 호스팅 비용은 전부 누수 되는 매몰비용으로 봐도 무방합니다. 이 부분을 부디 아깝게 생각을 해서 랜딩페이지를 디테일하게 전부 재정비하시기를 바랍니다.

홈페이지의 중요성

앞서 랜딩 페이지에 대한 이야기를 많이 했듯이 노출하고자 그리고 보여주고자 하는 병원의 콘텐츠가 있는 홈페이지는 매우 중요합니다. 홈페이지 본연의 기능은 무엇이며 본질은 무엇일까요? 온라인에서의 집은 홈페이지입니다. 결국 사람들에게 집들이를 할 수 있게 구경을 잘 할 수 있게 정보를 얻어 갈 수 있도록 잘 꾸며놓는 것이 필요합니다. 결론적으로 우리 병원을 나타내는 온라인 영업 점포라고 생각하는 것이 더 편하겠습니다.

실제로 운영 중인 우리 병원의 인테리어와 내부 시스템은 상당히 잘 세팅된 상태인데 홈페이지가 그러지 못한 경우는 어떨까요? 물론 이러한 요소들을 하나하나 다 신경 쓰는 고객과 환자들은 많지 않습니다. 그러나 처음 접하게 될 우리 병원 이미지의 호감도를 높이기 위해서는 실제 병원 인테리어나 시스템처럼 꾸며놓는 것이 이상적입니다. 홈페이지는 그 자체 하나만으로도 매력이 있는 공간이기 때문입니다.

병원의 경우 내부 인테리어를 자주 바꿀 수는 없어도 홈페이지는 가능합니다. 처음부터 홈페이지를 잘 기획해서 만들면 더할 나위 없이 좋겠지만 한정된 홈페이지 제작 예산이라면 그렇게 만들지 못할 수 있습니다.

단순하고 심플하게 홈페이지를 제작할 수도 있는데 이 홈페이지가 계속해서 그 상태를 유지하는 것은 바람직하지 않습니다. 병원의 매출과 운영 사정이 좋아지고 나서도 홈페이지가 처음 만들어둔 상태 그대로라면 문제가 있고 또 문제가 발생할 수밖에 없습니다.

간혹 병원 홈페이지는 있는데 홈페이지를 광고에 활용하지 않는 병원들이 많습니다. 그냥 홈페이지만 만들어두고 마는 것입니다. 홈페이지가 있으면 당연히 광고에 활용하는 것이 맞습니다. 여기서 말하는 광고는 키워드 검색 광고입니다.

홈페이지가 있는데도 불구하고 광고를 하지 않는 것은 홈페이지 제작비용을 버리는 일과도 같습니다. 한푼 두푼 하는 홈페이지 제작비용도 아니고 적게는 몇백 만원 많게는 몇천 만원 프로젝트로 진행된 홈페이지 제작인데 그대로 내버려 두는 것은 손해입니다.

홈페이지 제작비용을 회수하려면 당연히 광고를 해서 환자가 병원에 오게 만들어야 하고 그것으로 매출 창출을 하는 것으로 활용을 해야 합니다.

홈페이지에는 여러 페이지 및 카테고리가 있고 그 카테고리들을 병원들이 대부분 비슷하게 공유하고 있습니다. 메인 페이지를 비롯해 병원 소개, 의료진 소개, 장비 소개, 진료 시간, 오시는 길, 그 외 진료 내용, 온라인 상담 기능까지.

여기에서 가장 중요한 것은 바로 메인 페이지입니다. 메인 페이지는 말 그대로 병원의 메인입니다. 집으로 따지면 대문이라고 표현하는 것이 맞겠습니다. 일반 집이라고 한다면 대문만 잘만 꾸며놔도 들어가고 싶은 욕구가 생기지 않을까요? 라는 명제와 동일합니다.

이 홈페이지에 대한 문제는 병원만 그런 것이 아닙니다. 다른 업종 홈페이지들도 마찬가지입니다. 메인 페이지 레이아웃 구성과 콘텐츠 기획 및 기능적인 부분들까지 잘 배치만 해두어도 마케팅 효과를 볼 수 있습니다.

병원은 키워드 광고를 할 때 대부분 지역 키워드를 많이 사용합니다. 환자들이 대부분 찾는 유형이 내 위치에서 가까운 병원을 방문하기를 원하기 때문입니다. 이 지역키워드를 키워드 광고를 할 때 클릭하고 나서 결론적으로 도착하게 될 페이지는 홈페이지 메인입니다.

실제 애널리틱스 프로그램이나 백오피스 통계 프로그램을 모니터링해보면 가장 많이 보는 페이지가 홈페이지 메인입니다. 그렇기 때문에 홈페이지 메인에 가장 많이 공들여야 한다. 메인에 노출되고 있는 내용만으로도 병원을 선택하게끔 만들 수 있는 것입니다.

병원 외에도 산업 전반에 걸쳐 실제 수요자의 선택은 온라인으로 옮겨오고 있습니다. 오프라인보다는 온라인이 대세이죠. 온라인 자조라고 말할 수 있을 정도로 온라인 세계의 트렌드는 계속해서 변화하고 있습니다. 잠재수요의 고객들이 어디에 있는지 위치를 파악할 수 없을지라도 결국 그 잠재 고객들은 병원에 내원하기 위해서라면 결국 병원 홈페이지로 올 수밖에 없습니다. 이러한 점은 인식하고 유념해서 홈페이지를 제작할 때 그리고 수정할 때에는 공들여서 제작하고 수정을 하시기 바랍니다.

통계 분석을 확인-1

　괜찮은 랜딩페이지로 키워드 광고를 진행하고 있다고 가정해보겠습니다. 꾸준히 몇 달씩 키워드 광고를 하고 있는데 효율이 뭔가 떨어지는 것 같다 하는 분들은 실제로 광고가 진행되고 있는 페이지를 분석해야 합니다. 광고 효율이 왜 떨어졌는지, 유입은 어떤 상황인지 말이죠. 유입이 요일별로 주별로 바뀌고 있는지, 어떤 페이지가 많이 검색되는지, 유입 검색어는 무엇인지, 많이 보고 있는 페이지, 반송되는 페이지 등 이러한 부분을 홈페이지 백오피스, 애널리틱스, 통계 분석 프로그램을 통해서 꾸준히 확인을 해봐야 합니다.

　이 방법은 홈페이지를 이용한 키워드 광고나 배너 광도 등을 진행하시면서 동시에 해야 하는 부분입니다. 실제로 키워드 광고를 하고 있는데 분석 프로그램을 사용하고 있지 않다면 광고를 검증하지 않고 있는 것과 마찬가지입니다.

우리 병원이 하는 마케팅 방식과 여러 가지 채널에서 노출되고 있는 광고를 검증하기 위해서는 분석 프로그램을 활용해야 합니다. 이 분석에 대한 목적은 변수가 어떻게 발생하고 있는지 광고에 대한 흐름과 척도를 지표로 보는 것입니다. 해당 지표로 데이터를 해석해서 향후 키워드 광고 전략과 마케팅 방향을 정할 수도 있습니다. 키워드 광고를 클릭해서 들어왔을 때 부족해 보이는 랜딩 페이지의 내용은 더 보강할 수 있습니다.

실제로 광고 유입수를 주간, 일간, 시간별로 체크를 하면서 효율이 없다고 생각되는 스케줄에는 키워드 광고를 끄는 방법이 있습니다. 유입 검색어가 순위에 반영되지 않는 비효율 키워드는 시즌 키워드 일수도 있기 때문에 그런 키워드 역시 비용 대비 효율이 떨어지므로 끄는 방법이 더 효율적입니다. 또한 많이 찾아보는 페이지 반송되는 페이지들을 분석해 콘텐츠를 더 보강할 수도 있습니다.

통계 분석을 확인-2

앞선 챕터에서도 언급을 했지만, 마케팅을 진행하고 있으면 그 방식에 대해서 결과물이 나와야 하고 결과적으로 검증이 되어야 합니다. 그러려면 실제로 환자들이 어떻게 병원에 내원을 하고 있는지 분석을 해야 합니다. 그렇기 때문에 원내 유입 환자들에게서 유입 데이터를 확보해야 합니다. 이 환자들에게 적용할 초진 차트가 필요한데 그 초진 차트에는 어떻게 그 환자가 병원으로 유입이 되었는지 확인하는 내용이 있어야 하겠습니다.

병원에 내원한 환자들이 실제로 키워드 광고를 통해 홈페이지를 보고 오셨는지 아니면 지나가다 간판을 보고 오셨는지, 옥외 광고를 보고 오셨는지, 지인 소개를 통해서 오셨는지, 어디서 오셨는지 등이 내용을 파악해야 합니다. 이러한 통계 분석 데이터는 그냥 보고 마는 것이 아닙니다. 앞으로의 향후 마케팅 전략에 도움이 될 수 있는 데이터로 활용되기 때문에 이 점을 알고 꼭 진행해야 합니다.

10여 년에 걸친 마케팅 통계 분석을 해온 결과 가장 이상적이고 고무적인 통계 수치는 광고 비율과 소개 비율이 3:7 또는 4:6인 경우가 가장 이상적이라고 보고 있습니다. 사실상 광고를 온라인 오프라인을 통해 전반적으로 병원을 알린다고 해도 실제로 환자 유입 통계를 보게 되면 지인 소개로 오는 신환 환자들이 가장 많습니다. 만약 비율 자체가 이상적인 수치가 아니라 밸런스가 깨져 있다면 모니터링을 해봐야 합니다. 앞서 말한 비율은 이상적인 비율인 것이지 예를 들어 5:5 비율이 나온다고 해서 문제 될 것은 없습니다.

광고를 통해 오는 신환 비율이 재 내원을 해주는 환자들보다 압도적으로 많을 경우는 어떻게 봐야 할까요? 우리 병원의 광고가 이상적으로 작동하고 있다. 문제가 없다. 돈을 쓰는 만큼 환자들이 오는 것 같다. 이렇게 생각이 들고 있는지요?

짚어야 할 점은 광고로 환자가 유치가 잘 된다면 그 병원은 평생 광고만 해야 한다는 것입니다. 이런 병원이 만약 광고하지 않고 병원을 운영한다면 신환은 절대 오지 않는 것이 되겠지요. 재 내원 없이 광고로만 신환들이 오는 병원이 과연 좋은 병원일까요? 이 점을 알고 고민을 해보는 것이 좋겠습니다.

통계 분석을 확인 - 3

마케팅 효과를 분석하는 데 있어 꼭 필요한 ROAS를 알아보겠습니다. 이는 마케팅 효과를 측정하는 데 있어 핵심지표로 보셔도 좋은 수치입니다.

경영과 마케팅에 관심이 있는 분이라면 한번쯤 ROAS를 들어보셨을 겁니다. ROAS는 'Return On Ad Spend'의 약자로 광고비 대비 매출액을 의미 합니다.

ROAS는 매출액 / 광고비 방식으로 계산을 할 수 있습니다. 예를 들어 보겠습니다. A 병원이 1억을 투자해 2억의 이익을 냈습니다. B 병원은 5천만 원을 투자해 2억의 이익을 냈습니다.

위와 같은 내용을 토대로 해서 ROAS를 대입하게 되면 A병원은 2

억/1억 X 100% = 200%로 계산이 되며, B 병원은 2억/5천만 원 X 100% = 400%로 계산이 됩니다. 같은 2억의 매출이 발생하더라도 B병원의 광고 효율이 더 좋다고 말할 수 있겠습니다.

위와 같은 ROAS의 결과물을 내려면 사전에 준비해야 하는 것이 앞서 말한 통계 분석을 실현해야 합니다. 신환의 유입경로를 분석을 해야 하는 것입니다. 소개, 검색, 간판 등으로 오셨는지 확인을 해봐야 합니다.

병원 CRM 전산을 통해서 신환만을 추출해서 매출액을 산정할 수 있어야 하며, 해당 매출액을 구분을 해서 마케팅으로 유입된 신환 수를 곱하여 결과를 도출할 수 있습니다.

ROAS를 알아보는 이유는 간단합니다. 우리 병원에 유입되는 신환 1명당의 사용되는 광고비를 측정하기 위함입니다. ROAS의 데이터를 이용해서 광고비의 적정 수준을 결정하고 유지하기 위함인데 어떻게 하면 더 효율적인 광고를 운영하게 될 수 있을지에 대한 아이디어를 생각해 내서 도입하게 된다면 성공적인 온라인 광고를 집행할 수 있을 것입니다.

다른 병원 병원에서 하는 온라인 광고를 무작정 따라 하는 것을 지양하시기 바라며 우리 병원에 현재 ROAS를 구하는 것을 먼저 시작하여 현재 광고의 효율성을 분석하신 다음에 병원에 맞는 최적화된 광고 포트폴리오를 구성해보시기 바랍니다.

브랜드 전략이 곧 브랜드 포지셔닝

많은 마케팅 서적들은 브랜드 전략에 관해 이야기를 합니다. 그렇지만 굉장히 어려운 용어와 수식어로 정의를 하고 나열한 내용이 대부분이죠. STP, 4P, 환경분석, 시장분석 등 대부분 어려운 용어로 설명되어 있습니다. 이 부분을 해당 챕터에서 좀 더 쉽고 간결하게 이야기해보도록 하겠습니다.

피부과 성형외과는 매우 많은 진료과목을 가지고 있는 분야입니다. 미용 목적의 시술부터 피부질환 치료까지 진료를 볼 수 있는 영역이 다양합니다. 이런 항목들을 기본적으로 전술이라고 부릅니다. 군대 용어와도 맥락이 같습니다. 그렇다면 전술은 있는데 전략은 과연 어떻게 운영해야 할까요? 그 고민이 바로 브랜드 전략의 출발점이 되겠습니다.

피부를 진료할 때에는 봄, 여름, 가을, 겨울 시즌별로 문의가 많이 오는 진료 항목들이 있습니다. 그 항목들을 통계분석으로 파악하여 운영하는 것이 좋습니다.

여름 시즌에 피부 환자들이 많이 줄어드는 시즌입니다. 그런 때에는 피부질환 관련 키워드 광고나 콘텐츠를 남발하는 것보다 그 외 다른 미용 관련 고객을 모객 하는 것이 더 좋은 방법이 될 수도 있습니다. 만약 미용 시술에 집중하고 있던 병원이 시술하고자 하는 신환이 더 이상 오지 않거나 줄었다 싶었을 땐 옷을 바꿔 입어보는 것도 필요합니다. 이런 것들이 바로 브랜드 전략이고 포지셔닝입니다.

눈 성형을 위주로 하는 성형외과가 있다고 가정해보겠습니다. 해당 병원은 눈 성형 중점 병원으로 콘셉트를 잡았지만 정작 성형외과에서 같이 할 수 있는 핵심 진료인 코 성형의 경쟁력이 약해졌다 싶으면 전략을 수정하여 타겟층을 더 좁고 세밀하게 잡아서 콧볼 위주의 성형 시술 프로그램을 동시에 노출을 할 수 있습니다. 이렇게 전략을 수정함으로써 우리 병원을 어디에 둘지 리포지셔닝을 할 수 있습니다.

어떤 진료에 있어 성공적인 수준의 모델을 가진 병원도 충분히 가지고 있는 아픈 손가락은 있기 마련입니다. 그것이 어떤 진료일지는 몰라도 환자가 오지 않고 반응이 미적지근하거나 마케팅 방식이 잘 진행되지 않는 것 같으면 과감히 버리는 것도 전략입니다.

이러한 개념들을 전략과 포지셔닝이라고 나눠서 설명하는 경우가 있는데 굳이 그렇게까지 할 필요는 없습니다. 전략이 곧 포지셔닝이라고 보셔도 좋습니다.

캐시카우의 필요성

캐시카우의 사전적 의미는 수익창출원입니다. 즉 돈벌이가 되는 상품을 의미합니다. 지속적인 현금흐름을 발생시키는 부문을 말하는데 결과적으로 병원에서도 주력 상품이 있어야 한다는 이야기입니다.

병원 마케팅 미팅을 해보면 각 진료과목마다 원장님들께서는 대부분 진료하는 내용을 전부 소개하고 노출하기를 원합니다. 가령 1부터 10까지 내용이 있으면 해당 내용을 전부 마케팅을 하기를 원하는 것입니다. 맞는 이야기이지만 이런 방식이면 광고비용이 상승할 수밖에 없습니다. 모든 진료를 다 잘한다고 말하길 원한다면 그것에 대한 광고 범위가 커지기 때문에 비용을 많이 써야 한다는 의미입니다.

앞서 말한 방식과 다르게 제안해 볼 내용은 성장 가능성이 있는 진료 과목 종류를 나누어 한두 가지 진료에 대한 내용을 더욱 어필할 수 있게 전략을 세우는 것이 좋겠습니다. 즉 병원에서 알릴 주력 상품을 말하는 것이고 결과적으로 해당 진료과목을 캐시카우로 만드는 것입니다.

만약 볼륨을 크게 만들 수 있는 부분을 고민하고 있다면 캐시카우 모델이 될 진료 과목을 오히려 따로 홈페이지를 만들어서 운영하는 것도 좋은 방법이 되겠습니다. 예를 들어 피부과 진료를 하는 병원에서 두피 탈모 모발이식을 하고 있다면 홈페이지에서 해당 진료 내용을 따로 분리하는 방식으로 이원화해서 홈페이지를 따로 만들고 광고를 하는 것입니다.

이런 식으로 홈페이지 운영을 한다고 해서 힘들어지는 것은 아닙니다. 오히려 효율적인 광고 운영을 집행할 수 있고 병원의 주력 상품과 프로그램을 알리는데 더 좋은 효과를 낼 수 있습니다.

일반적으로 캐시카우는 계속해서 늘려가는 것입니다. 한 가지만 잘하는 이미지로 보이게 되면 결국 그 한 가지 영역에 매몰될 수도 있습니다. 그렇기 때문에 이러한 문제를 방지하고 예방하기 위해서는 캐시카우를 늘리는 방식을 고민해야 합니다. 지금 당장 우리 병원의 유리한 진료과목이 어떤 것이 있는지 파악해서 그것을 개별적으로 마케팅을 하는 방식을 고안해 보세요.

내부 마케팅의 중요성

원내 외벽이나 설치물들에 있어 불필요하다고 생각하시는 원장님들이 많습니다. 디스플레이가 영향을 끼치지 않는다 생각하는 경우입니다. 이것은 인식의 차이라고 봅니다. 깔끔한 것을 좋아한다면 어쩔 수 없지만 그런 이유가 아니라면 병원의 내부 디스플레이 비치의 경우 다시 고민해 볼 필요가 있겠습니다.

병원 브랜드 아이덴티티의 일관된 통일성이라고 고려해서 홈페이지에 개발된 콘텐츠들을 내부 게시물로 따로 제작해서 둘 필요가 있습니다. 이런 요소들이 내부 마케팅에 작용이 됩니다. 메인 진료 내용이 있다면 가장 눈에 잘 보이는 곳에 배너를 두는 방법이 있습니다. 또한 현재 이벤트를 배너도 두는 방법도 있으며 영상 매체를 활용할 수도 있습니다.

환자가 일반 TV 영상을 시청하게 둘지 아니면 병원과 관련된 영상 콘텐츠를 보게 할지 그로 인해서 환자의 병원 신뢰도를 올리는 방법을 채택할지는 원장의 의사결정입니다. DID 시스템을 활용해서 송출 가능한 영상들을 전략적으로 나누어 시청하게 할 수도 있습니다.

앞에서 언급했다시피 병원은 무형의 서비스를 파는 곳입니다. 가치가 없다면 환자들은 병원을 선택하지 않습니다. 그 가치를 만들어 내는 것은 온라인에서 홈페이지의 디테일한 콘텐츠였다면 오프라인에서는 더 상기시킬 수 있는 핵심 메시지가 필요합니다.

핵심 메시지는 카피라이트 즉 병원의 슬로건과 같으며 이러한 텍스트를 고객 및 환자들에게 계속해서 주입할 필요가 있습니다. 불특정 다수에게 뿌려지는 비용이 많이 든 옥외 광고를 하고 있지 않다면 특정한 분들에게 전달할 수 있는 원내 마케팅 메시지들은 꼭 진행해보면 좋습니다.

동네 피부관리 숍에서나 하는 미용 시술 이벤트 항목이나 장비 배너를 원내 배치를 하라는 뜻이 아닙니다. 그보다 더 상위 개념인 브랜드 메시지인 메인 진료상품의 킬링 콘텐츠를 고민을 해서 환자들이 보일 수 있게 하는 것이 좋습니다. 고객과 환자들이 '아 이 병원은 정말 이것을 잘하는구나.'라고 생각하게끔 말입니다.

이처럼 내부 디스플레이에 대해 고민도 해야 합니다. 사람으로 따지면 얼굴을 관리해야 한다는 이야기입니다. 즉 호감도를 결정하는 외모는 가꾸면 가꿀수록 호감도가 올라가기 마련이기 때문에 내부 디스플레이도 가꾸어야 한다는 의미입니다. 결국 내부 디스플레이를 어느 정도 꾸며야 한다는 것이죠. 너무 깔끔한 병원은 환자들이 긴장감을 조성할 수 있다는 것을 유념해야 합니다.

대부분의 환자는 병원에 내원하기까지 고민하게 되고 병원에 입성하게 되면 긴장을 하기 마련입니다. 적당히 어수선해야 하는 포인트는 대기실에서 이루어져야 하는 것이 좋습니다. 상담실이나 원장실까지 어수선한 환경은 지양해야 합니다.

환자들의 긴장감을 효과적으로 감소 시켜 줄 수 있는 아이템인 음악역시 잘 선택하는 것이 좋습니다. 청각을 고려한 마케팅 방식인데 이는 진료 과목과 연령대를 고려해야 합니다. 정형외과같이 외상으로 인해서 다쳐서 오는 경우가 많은 진료과목의 병원이라면 오히려 음악은 필요 없을 수도 있습니다. 일반적으로 물치 치료나 도수치료를 많이하는 곳이라면 잔잔한 클래식 음악을 활용하는 것도 좋습니다. 피부과 성형외과 안과 치과 같은 경우 음악을 효과적으로 활용한다면 마케팅 포인트로 사용할 수 있을 것입니다.

음악의 선택을 고민한다면 고객들의 심리적 안정감을 취하는 데 도움이 될 수 있도록 클래식 음악이나 경음악 등을 틀어놓는 것이 좋습니다. 만약 대기 공간과 치료실의 사운드를 이원화시킬 수 있다면 공간별로 다른 테마를 가진 음악을 틀어놓는 것이 효율적으로 되겠습니다.

앞에서 DID 활용 방법에 관해 이야기를 했는데 좀 더 자세히 다루어

보겠습니다. DID(Digital Information Display)는 병원 내 진료 서비스 또는 의사의 진료 스케줄 등을 안내하거나 홍보할 수 있는 디스플레이 입니다. 이런 디바이스의 경우 대부분 대형 병원 큰 상급 병원에서만 사용하는 것으로 생각하시는 분들이 많은데 그렇지가 않습니다. DID 를 서비스하는 업체마다 다르게 비용 책정이 되어있긴 하지만 고가로 형성된 장비가 아닙니다. 오히려 병원에서 사용하고 있는 장비 및 마 케팅 예산보다 더 적은 비용으로 세팅을 할 수 있기도 합니다.

　DID 세팅으로 인해 볼 수 있는 이점은 병원의 게시판처럼 사용하는 것입니다. 홈페이지상에서 공지한 내용 또는 원내 비치해둘 배너들을 불필요하게 놔둘 것이 아니라 콘텐츠 제작을 통해서 DID로 노출할 수 있습니다. 한 가지 콘텐츠만을 보여주는 것이나 아니라 DID의 경우 화 면 분할이 가능하기 때문에 여러 콘텐츠를 활용할 수 있는 장점이 있 습니다. 관리 면에서도 용이합니다. 쉽게 관리할 수 있도록 솔루션이 제공되기 때문에 간단한 관리 과정을 통해서 콘텐츠를 활용할 수 있는 것이 장점입니다.

　이처럼 내부 마케팅에도 신경 써야 할 여러 가지 사항들이 있음을 알아야 합니다. 병원 마케팅이라고 해서 온라인 마케팅이 전부가 아님 을 알아야 한다는 것이죠. 내부에서도 관리해야 할 여러 가지 마케팅 요소들이 있기 때문에 하나하나 마케팅 작업 리스트를 만들어서 진행 해보는 것이 좋겠습니다.

직원 경영방침은 곧 마케팅

병원에서 지불하는 직원들에 대한 인건비는 곧 마케팅비와도 같습니다. 직원한테 주는 월급이라는 개념으로 단순 인건비라고 단정 지어서 내버려 두지 말아야 합니다. 병원에서 고객과의 접점이 가장 가까운 사람이 누구일까요? 의사 외에는 의료진입니다. 의료진 즉, 직원들이 고객과의 접점에 있는데 제대로 된 실무 교육이 없고 서비스가 좋지 않다면 그것은 좋지 않은 만족도로 이어지고 결국 인터넷에 안티 글을 양산하게 될 것입니다.

만약 병원 데스크 직원이 환자에게 인사를 하지 않는다? 또는 점심 시간에 데스크를 비워두고 있다? 전화응대에 문제가 있다는 고객 컴플레인을 받았다? 이런 부분들은 전부 마케팅의 결과로 연결될 수밖에 없습니다. 자칫 잘못 처리를 하게 되어 문제점이 한번 발생하게 되면 연결고리처럼 끝도 없이 무너질 수 있습니다.

병원 홈페이지에 뻔지르르하게 병원을 꾸며놓는 좋다는 각종 수식어를 남발해서 광고를 하는 과정에서 광고를 통해서 환자가 내원을 하게 되었습니다. 이 과정에서 데스크 직원이 고객 응대가 엉망이면 거기서부터 고객과 병원의 간극이 생길 수밖에 없습니다. 당연히 병원의 이미지가 떨어지는 것은 수순입니다.

점심시간이라고 해서 데스크를 비워두는 경영 방침은 가급적 없애야 합니다. 병원이 허례허식으로 고객들에게 비치면 마케팅비를 누수 되는 것과 마찬가지입니다. 병원 업종은 일반 회사와 결이 다른 곳입니다. 반대로 얘기하면 일반인들이 점심시간에 전화 문의를 할 수 있다는 것입니다. 운영 방식에 대해 고민을 해봐야 할 것입니다. 환자 한 명 한 명에 대해 소중하다고 느끼고 계신 원장님들이 있으시다면 절대 데스크는 비워두는 경영 방침은 없애시길 바랍니다. 병원은 동네 구멍가게가 아닙니다.

병원의 전투력

.

앞서 얘기한 파트와 연결된 파트입니다. 이것은 병원 운영에 있어 실질적 타격을 야기할 수도 있습니다. 금전적 손실은 마케팅에서 오는 경우도 있지만, 병원 내부 인사 관련 즉 병력에서 판가름 나는 경우도 많습니다. 병원의 의료진들은 병력과도 같은 개념입니다. 실질적으로 필드에서 일 하기 때문이죠. 그런데 그 병력이 전투력이 감소하여 있거나 0이라면 다시 보강을 해야 합니다.

가장 많이 발생하는 이슈 중 하나는 마케팅으로 환자들이 병원에 문의하는데 그것에 대해 응대를 잘 못 하는 경우가 가장 많습니다. 상담 능력이 없는 코디가 응대해서 전반적인 리셉션을 망치거나 아예 온라인에서부터 상담을 못 하는 과정이 발생하게 되면 마케팅 비용이 그야말로 손실되는 것과 마찬가지입니다.

그렇기 때문에 마케팅 모니터링과 동시에 해야 할 부분은 병원 내부에서 움직이는 병력의 모니터링을 같이해야 한다는 것입니다. 의지가 박약한 병력은 인사고과를 두어 체크를 해주는 것이 좋고 실력이 모자란 병력은 보강할 수 있도록 교육을 꾸준히 해주는 것이 좋습니다. 이러한 부분들이 결국에는 직원 커리어 패스의 영향을 끼친다는 점을 전체 의료진이 알아야 합니다.

병력 구성이 작다고 하더라고 전투력이 강하면 다른 그림을 그릴 수 있습니다. 반대로 병력 구성은 많은데 전투력이 떨어지면 분명 손실입니다. 병원 경영을 전투와 같이 생각해 일종의 병법을 만들고 운영하는 것을 고민해 보시기 바랍니다.

직원 세팅

병원 마케팅에 있어서 중요한 한 가지는 병원 운영에 손과 발이 되어줄 직원 세팅입니다. 이미 진료를 진행 중인 병원도 그리고 개원을 준비하는 병원도 일 잘하는 경력자가 필요할 것 같고 해서 채용공고를 내서 알아보면 경력자는 임금이 높은 편으로 고민하게 됩니다. 그렇다고 신입 직원을 병원에 두기에는 손과 발이 맞질 않을 수도 있을 것 같아서 또 고민이 될 것입니다.

이 직원을 세팅하고 관리하고 하는 것이 사실 가장 큰 일입니다. 병원에 내원하는 환자를 진료하고 치료하는 것보다 더 어려운 것이 병원 경영에 있어 중요한 인사관리입니다. 실력 있고 능력 있는 직원을 두는 일은 정말 어려운 부분입니다. 그렇다고 높은 임금을 주고 채용을 한 직원이 오랫동안 있어 주면 좋겠지만 또 몇 달밖에 일을 하지 않고 나가는 일도 태반입니다. 필자는 정말 이런 케이스를 많이 봤습니다.

여태까지 본 케이스를 보면서 느낀 거지만 이런 직원과의 불협화음의 히스토리는 어떤 병원이든지 개원부터 또 병원을 운영하면서 계속 있게 되는 일이라고 봅니다. 피할 수 없고 결국 마주할 수밖에 없는 일이라는 것입니다. 인사관리 부서가 따로 있는 기업의 형태가 아니고 병원의 경우 대표 원장이 직접 관리를 하는 일이 많기 때문에 이런 일이 일어날 수밖에 없다고 봅니다.

다만 이런 불협화음을 줄이는 일은 융통성 있게 관계를 맺는 것이 중요합니다. 직원도 사람이고 대표원장도 사람입니다. 대표원장은 리더이고 리더이기 때문에 쉽게 사람을 버려서는 안 됩니다. 어쨌든 서로 처음 보게 될 수밖에 없는 타인인 관계이기 때문에 그 관계를 인정하면 됩니다. 직원과의 관계를 어려움을 호소한다면 그건 진료를 보는 환자를 보는 일에도 영향을 끼칠 수밖에 없습니다. 결과적으로 병원이 오는 환자들도 대부분 타인일 것이고 그 사람과의 관계를 형성하고 알아가야 하므로 직원들도 그렇게 생각하는 편이 좋습니다.

불협화음은 단지 어울리지 않는 음이지 틀린 음이 아닙니다. 나와는 맞질 않는 사람이라고 직원을 바라본다면 그 직원도 역시 원장을 바라보는 눈빛과 생각하고 있는 마음가짐도 마찬가지가 됩니다. 그러므로 어쩌면 대표원장 본인이 음을 다르게 내고 있지는 않은지 생각하는 관점에서 바라보는 경우도 있어야 할 것입니다.

직원과의 관계를 어렵다고 생각해서 포기하려 하지 말고 서로 협화음을 낼 수 있게 노력을 하는 방안에 대해서 고민을 하고 더 애써보시길 바랍니다.

직원은 또 다른 고객으로 봐야 합니다. 잠재 고객일 수도 있죠. 좋은 직원은 병원의 브랜드 가치를 높일 수 있습니다. 고객과의 접점에서 가까운 위치에 있기 때문에 신뢰를 만들 수 있는 영역이기도 합니다. 그렇기 때문에 직원의 만족도를 높일 수 있는 프로그램도 고민해 봐야 합니다. 서비스 교육과 의료 프로그램 교육이 될 수도 있습니다.

병원에서의 브레인스토밍

병원의 직원이 세팅되면 업무 분장이 이루어집니다. 의사는 의사대로 간호사 코디네이터 각 진료과목에 따른 치료사 등 서로 업무 분야가 다릅니다. 업무 분야가 다르다고 해서 서로 각자의 할 일에 대해 알지 못하고 배제한 상태로 업무가 진행된다면 유기적인 흐름을 알 수가 없습니다. 서로 각자 파트에 대해 이해를 할 만큼의 스터디가 필요합니다.

보통 병원에 가보면 의사 외 다른 직원과 의료진들은 병원에서 진료하는 서비스와 프로그램에 대해서 잘 모르는 경우가 많습니다. 이런 상황을 종종 보게 되는데 이것은 내가 어떤 회사에 들어갔는지 또 우리 회사가 무엇을 파는지 모르는 것과 같다고 볼 수 있습니다.

이런 상황을 만들지 않도록 전체 의료진 대상으로 진행하는 스터디의 필요성을 느껴야 합니다. 이는 즉 간단한 스터디로 끝나는 것이 아니고 서로 머리를 맞대고 각자 업무파트에 대한 이해관계를 공유하고 스터디하는 브레인스토밍으로 연결되어야 합니다.

일반적인 회사에서 하는 회의를 말하는 것이 아닙니다. 그런 회의는 오히려 효과도 없고 필요도 없습니다. 하지 않는 것이 좋습니다. 여기서 말하는 브레인스토밍은 각자 파트에 대한 연결고리를 유기적으로 만들기 위함입니다. 그러므로 인해서 의사는 직원에 대한 이해를 직원은 의사에 대한 이해를 할 수 있게 됩니다.

더 나아가서 브레인스토밍은 마케팅에도 영향을 끼칠 수 있게 됩니다. 실제 고객들이 남겨주시고 이야기를 해주시는 불편한 사항들이나 칭찬 내용이 서로 공유되거나 보완이 되어야 할 내용이 브레인스토밍 회의에서 나온다면 마케팅 전략 및 포인트들을 수정시키고 업그레이드시키는 것이 가능합니다. 이러한 건설적인 브레인스토밍 회의는 가능한 주기적으로 하는 것이 좋습니다.

물자가 부족한 상황을 만들지 말자

전쟁에서는 물자가 부족하면 바로 그 전쟁에서 패할 수밖에 없는 상황으로 만들어집니다. 마케팅 역시 마찬가지입니다. 현재 진행하고 있는 마케팅 방법과 채널을 지속해서 유지할 수 있게 만들어야 합니다. 다시 말해 진행되고 있는 광고가 쉽게 끊기지 않아야 한다는 것입니다.

키워드 광고를 예를 들면 전략적으로 광고를 노출할 시간을 설정해서 진행하겠지만 아예 광고 진행을 끊게 된다면 더 이상 환자들은 병원을 바라볼 수 있는 화면이 없다는 뜻입니다. 시급하게 치료를 받아야 할 만한 상황으로 병원을 찾는 사람이 있다면 가까운 거리에 있는 병원에 갈 수밖에 없습니다. 이런 상황이 아닌 경우 신중하게 병원 선택을 해야 하므로 온라인상에 노출된 병원들을 일일이 하나하나 검색해서 정보를 보고 결정을 합니다. 이런 과정 중에 병원에 대한 노출이 보이질 않는다면 환자를 다른 병원으로 보내는 꼴이 됩니다. 결국 환자를 놓치는 것이죠.

물자는 비단 광고에 대한 영역만을 이야기하는 것이 아닙니다. 광고뿐 아니라 인사 쪽도 마찬가지입니다. 병원 내 인력 세팅이 불충분해서 직원을 계속해서 뽑고 있다면 내부에서도 환자를 응대를 제대로 할 수 없는 상황이 됩니다. 이렇게 되면 아무리 마케팅을 잘해서 환자들이 온다고 해도 환자 응대 및 CS가 제대로 되지 않을 것입니다. 이런 경우 환자는 이탈할 수밖에 없고 환자의 병원 진료 만족도도 떨어질 수 있다는 것을 유념해야 합니다.

오프라인 마케팅

기본적으로 오프라인은 옥외 광고라고 생각을 많이 합니다. 그런데 이것에 준하는 말이 아니고 외부에서 하는 영업활동도 함께 말할 수 있겠습니다. 이 부분은 미용 성형 병원이나 치과, 안과 등에 해당하는 영역일 수도 있습니다. 일종의 편법일 수도 있는데 많은 병원이 하는 마케팅 방식이기도 합니다.

외부 실장을 용역 직원으로 두어 여러 사기업과 제휴 및 MOU를 체결하거나 외부 영업으로 환자를 끌어모으는 방식입니다. 또한 기업들의 복지 몰이나 폐쇄 몰을 용한 마케팅 방식인데 이것은 지역에 따라 차이가 있어 지리적 이점이 좋은 곳에서 하면 좋은 방법입니다.

오프라인 광고 중 옥외광고는 필수적 요소는 아닙니다. 일반적으로 신환 환자들이 오는 루트는 거의 온라인 광고가 대부분입니다. 옥외광고는 전통적으로 네임 밸류가 있는 병원만 한다는 생각은 버려야 합니다. 오히려 로컬 병원들이 마을버스를 광고하면 효과가 있다는 점을 알고 있어야 합니다.

앞서 옥외광고는 필수 요소가 아니라고 했는데 사실 이 옥외광고를 활용해야 할 필요가 있는 병원들은 브랜딩 광고가 필요한 병원들입니다. 주로 큰 규모의 병원들이 하면 좋습니다. 척추 관절을 다루는 병원이나 대형 안과 및 성형외과들이 진행하는 것이 효율적일 수 있습니다.

그렇다고 작은 의원급들은 하면 안 되느냐고 물어볼 수 있는데 그것도 답은 아닙니다. 작은 규모의 의원급 병원들도 브랜딩 광고가 필요할 시기가 있습니다. 특히 개원 초기 그리고 경쟁 병원들이 지역 주변에 많이 입점 되어 있을 때입니다. 이 상황들을 잘 파악해서 옥외광고를 진행하면 결과가 좋을 것입니다.

옥외광고 종류에는 기본적으로 대중교통 광고를 많이 진행하고 있습니다. 버스 광고, 지하철 광고가 일반적입니다. 이 밖에도 역사 내 스크린도어 광고가 있고 비슷한 종류로 버스 정류장에서 노출되는 버스 셸터 광고가 있습니다. 근래에는 역사 안이나 아파트 등에서 노출되는 디지털뷰 디바이스에서 진행하는 광고가 있습니다. 이 밖에도 음성으로 진행할 수 있는 라디오 광고 등이 있습니다.

맛집이 되자

맛집 식당은 먼저 맛이 있어야 합니다. 그리고 가성비가 좋아야 하며 사장님이나 직원이 친절하면 좋고 인테리어까지 더 좋으면 좋습니다. 반대로 얘기하면 내부 인테리어는 부가적인 얘기이고 사장이나 직원의 친절은 선택의 영향을 끼치며 가성비가 부족하면 고민을 할 것이며 맛이 없으면 가질 않게 됩니다.

위에 이야기를 병원 마케팅에 대입해보면 결론적으로 병원은 실력에 있어서 고민할 필요 없이 가장 좋아야 한다는 그림을 고객에게 보여주어야 합니다. 그리고 비급여 치료와 수술 및 시술을 하고 있다면 가격을 적정선으로 책정하여서 서비스하는 것이 바람직하겠습니다. 마지막으로 원장과 의료진의 서비스 그리고 병원 내부의 청결도를 신경 써서 관리해야 합니다.

온라인 마케팅으로 신규 환자들은 얼마든지 창출될 수 있습니다. 그러나 신환이 구환이 되고 구환이 또 재 내원을 하게끔 만드는 것은 환자와의 커뮤니케이션이 좋아야 합니다.

옆 동네 어떤 병원이 환자가 엄청 많다고 소문이 났다고 해서 부러워만 하지 말시길 바랍니다. 왜냐면 대부분 신환들만 창출되는 경우가 있기 때문입니다. 결국 구환은 오지 않고 이탈이 되는 케이스도 존재합니다. 이런 병원은 결국 내실이 없는 병원으로 전락하고 장기적으로 병원 운영에 좋지 않은 결과를 가져올 수 있습니다.

병원 내실과 브랜드의 강점을 보여주고자 한다면 기본적인 온라인 마케팅을 잘 준수한다는 생각으로 전반적으로 잘 구성된 파이프라인을 만들어서 마케팅 운영을 하는 것이 바람직합니다. 여기서 말하는 파이프라인 뜻은 지속적이면서 안정적인 자동화 시스템을 말합니다.

맛집 광고도 마찬가지로 광고비를 많이 써서 고객을 유치하는 식당들은 대게 단골손님이 없습니다. 새로운 손님들을 넘쳐나는데 말이죠. 이것이 과연 실속이 있을지 생각을 해봐야 합니다.

병원 이벤트 프로모션

환자들을 유치하는 마케팅 전략 방법 중 여러 병원에서 하는 방식은 이벤트 프로모션이 있습니다. 이벤트 방식 중에서는 비급여 치료 및 수술 시술 비용 할인 혜택을 주는 방법을 통상적으로 많이 쓰고 있습니다. 그런데 이 방법은 단순히 신환 환자들을 유치하는 데 의미가 있지 병원에 대한 신뢰도나 로열티가 강화되지 않는다고 봅니다. 저렴한 이벤트 시술 및 수술 가격으로 환자를 유치해서 신뢰도를 올린다? 당연히 어불성설입니다.

진정으로 환자와 고객에게 주는 로열티를 생각하고 고민한다면 이런 가격 및 비용 이벤트는 오히려 영양가가 없을 수 있기 때문에 신중하게 고민해서 진행해보는 것이 좋겠습니다. 해볼 만한 이벤트는 오히려 병원 소식지를 정기적으로 제공을 하거나 고객과의 소통을 일방향이 아닌 양방향으로 소통할 수 있게 하는 참여 방식의 이벤트 방법, VIP 환자들을 위한 프로모션을 소개하는 방법 또는 VIP 고객의 기념일을 챙기는 방법이 있습니다. 또한 연말에는 캘린더 증정, 의료 세미나 초청이 있겠으며 특별히 산부인과의 경우는 산모 교실 등이 있습니다.

이와 같은 방법들은 사실상 지역 내에서도 규모가 큰 병원들에서 하는 방식인데 동네 병·의원이라고 해서 못할 이유가 전혀 없습니다. 일단 하는 것이 중요한 것이기 때문에 해당 방식들을 모니터링해서 벤치마킹을 하고 내용을 새로 기획을 하는 것이 아닌 변환을 해서 진행해보는 편이 좋겠습니다.

단순히 금전적 혜택과 이득을 주기 위한 이벤트 방식은 다른 병원과의 차별점으로 구분을 한다거나 특별한 요소로 구별되지 않습니다. 가격적인 혜택을 주어 내원을 유도한 것뿐입니다. 당장 눈앞에 보이는 성과만을 쫓아서 가격 이벤트만 계속 진행하다 보면 오히려 고객들 인식에 '저가 병원, 덤핑 병원'이라는 인식만 강해져 오랫동안 롱런하기 힘들다는 점을 인지해야 합니다.

시술 수가에 대한 부분은 환자들이 병원과 의사를 선택할 때 고를 수 있는 가치와도 같은 개념입니다. 가령 미용 시술을 하는 병원이라고 했을 때 가격을 낮추는 일은 당장의 성과에는 도움이 되지만 가치가 낮아지는 일이라고 볼 수 있습니다. 그러한 상황은 또 다른 병원에 의해서 얼마든지 대체될 수 있으며 가치를 깎아 먹는 결과로 나타나게 됩니다.

환자가 당장의 급한 치료를 해야 한다고 했을 때 필요한 병원 치료나 시술들은 급하게 비용을 지불하고 진행할 수 있습니다. 하지만 그렇지 않고 얼마든지 미룰 수 있는 그러한 병원의 치료와 시술 프로그램들에 대해서는 적당한 가격 마지노선을 지키는 것이 바람직합니다. 환자는 가격 때문에 내원할 수도 있으며 진료와 시술 및 치료를 잘하기 때문에 내원할 수도 있습니다.

　가장 중요한 것은 치료 및 시술 후에 환자가 느낄 수 있는 만족도입니다. 저가나 고가의 치료 프로그램들 둘 다 욕구 충족은 가능하겠지만 만족도는 서로 다를 수 있습니다. 저가라고 해서 혹은 고가라고 만족도가 비례하진 않습니다. 만족도를 나타낼 수 있는 정확한 기준은 집도하는(치료 및 시술하는) 의사가 얼마나 꼼꼼하게 환자를 케어 하는지입니다.

비급여 시술 및 수술 수가의 딜레마

의료를 서비스하는 데 있어서 기본적으로 수가가 정해져 있는 급여 진료 즉 보험진료의 경우를 제외하고 비급여 진료 즉 비보험 진료로 진행되는 시술 및 수술의 경우 수가가 병원마다 다른 경우가 많습니다. 치과, 안과, 산부인과, 피부과 등 여러 진료 병원에서 이런 비급여 수가들이 많이 있습니다. 통상 법적으로 접근했을 때 의학적으로 불필요하다고 생각되는 미용 관련 목적의 시술이나 수술이 대부분 비급여 시술 및 수술인데 대부분 비급여 진료와 치료를 확대함으로 인해서 병원의 수익이 증대됩니다. 그렇기 때문에 병원마다 차이가 있을 수밖에 없습니다.

병원의 수익을 극대화하기 위해 전략적으로 마케팅을 진행해서 수가를 줄이거나 늘리거나 하는데 보통 낮은 수가를 올리려는 정공법보다는 높은 수가를 낮게 설정하여 진행하는 것이 일반적으로 병원에서 많이 채택하는 방식입니다. 낮은 수가 비급여 진료비 및 치료비를 미끼로 던져서 진료의 개수와 횟수를 늘리는 법, 이 방법으로 영리를 목적으로 하는 수단으로 사용할 수 밖에 없습니다.

의료의 선택 기준이 치료의 퀄리티가 우선시 되어야 하는데 이렇게 비급여 수가를 낮게 하는 마케팅으로 환자들이 가격적인 면을 보고 선택을 하는 시장이 만들어지게 되면 결국 시상의 전반적인 시술 수가의 형성이 낮아질 수밖에 없습니다.

비급여 시술 및 수술 수가는 사실 안전장치가 없습니다. 일부 네트워크 의원급 이른바 공장형 기업형 의원을 운영하는 곳이나 저렴한 비급여 항목을 중점적으로 하는 곳이 있다면 그 병원이 시장에서 독점을 할 수 있는 형태로 시장의 흐름이 반영됩니다.

이러한 상황은 비급여 수가에 영향을 많이 끼치게 됩니다. 결국 계속해서 비급여 시술 및 수술들은 영리 추구 목적으로 과도하게 수가가 낮아지게 되고 이런 부분으로 부작용의 폐해를 끼치게 될 수도 있습니다. 여기서 말하는 딜레마는 그렇다면 과연 우리 병원은 시술 수가를 시장에 흐름에 반영해야 되느냐 입니다.

병원의 수익과 직결되는 문제이기 때문에 수가를 전략적으로 설정해야 하는 것은 맞지만 수정을 할 때 과도하게 낮은 수가로 해야 하는지 아니면 무턱대고 올려서 받아야 하는지 여기서 고민이 많이 될 수밖에 없을 것입니다.

저렴한 수가를 설정해서 이윤을 감소하고라도 박리다매 형식으로 서비스를 해야 할지 아니면 품질을 올리고 비싼 수가로 진행을 해야 할지 이 부분은 고민을 해봐야 할 부분인 것은 맞습니다. 현실적으로 쉽지 않은 부분은 박리다매의 경우 결국 의료이기 때문에 제품이 아닌 이상 물량으로 밀어붙여야 하는데 병원의 의료진 숫자나 시설을 대형화해야 하므로 어려운 부분이 있습니다. 그렇다면 수가를 높이는 방법은 어떨까요? 이 전략도 어려운 부분은 시설과 장비를 업그레이드해야 하며 그에 맞는 의료 서비스가 걸맞은 형태로 진행되어야 합니다. 치료의 퀄리티가 높아야 하고 효과 및 결과를 주는 만족도가 높아야 합니다.

비급여 시술 및 수가의 전략을 결정하는 데 있어서 중요한 요소는 상권의 인구 구성 및 소득 수준을 분석을 해봐야 합니다. 가령 서울의 강남과 같은 메인스트림 지역 즉 유동인구가 많은 상권이라면 저렴한 수가를 내세운 박리다매형 전략을 선택하는 것이 도움이 될 수 있습니다.

반대로 중년층과 장년층이 많은 지역이거나 아파트 단지 주변에 있는 병원들이라면 고급화 전략을 사용하는 것이 방법입니다. 로컬 병원인 경우에는 병원 운영을 오래 할수록 더욱 안정적인 운영이 가능하다는 것이 장점이 있기 때문에 수가를 안정적으로 유지하면서 가끔씩 이벤트 소식을 전달하면서 운영하는 것을 전략으로 세우는 것이 도움이 될 수 있습니다.

앞서 말한 내용은 도움이 될 만한 요소들이지 절대적인 방법은 아닙니다. 병원의 잠재 이익의 손실을 초래할 수 있는 섣부른 수가의 수정이 될 가능성이 있고 또한 불필요한 가격 경쟁을 촉발할 수 있는 가능성이 있습니다. 이처럼 가격에 대한 부분은 예민하고 기민하게 받아들여서 접근해야 합니다.

가격 전략과 관련해서 병원은 경쟁 입지도 냉정히 분석해야 합니다. 현재 수가에 대한에 대한 고객의 인식은 어떤지, 그리고 그 인식이 향후 어떻게 변화할 것인지를 합리적으로 분석해야 할 필요가 있습니다. 다른 병원이 수가를 내리니 우리도 내려야지 하는 그런 맹목적인 생각이나 주관적인 생각과 의견의 근거에 가격 결정을 내리면 위험할 수 있다는 부분을 염두에 두어야 합니다.

카카오톡 메신저로 양방향 소통을 활용

온라인 마케팅을 통틀어서 본다면 검색 광고나 블로그 카페 등 일반적인 콘텐츠 광고는 일방향 홍보 방법이라고 할 수 있습니다. 말 그대로 소통 없이 일방향으로 전달되는 마케팅이기 때문입니다.

이를 상쇄 시킬 방법이 양방향 소통 방법이라고 할 수 있는 메신저를 통한 마케팅 방법입니다. 여기서 말하는 메신저는 국민 메신저라고 할 수 있는 카카오톡을 말합니다. 카카오톡 메신저의 장점은 대중성과 접근성입니다. 국민 대다수가 사용하기 때문에 대중적으로 누구나 접근할 수 있으며 쉽게 이용할 수 있다는 편리함이 있습니다.

병원을 비롯한 각 공기업체가 활용할 수 있게 만들어 둔 솔루션인 카카오톡 플러스친구 프로그램을 보면 더욱 활용도가 좋다는 판단이 듭니다. 해당 플랫폼 내에서는 단순한 진료 상담뿐 아니라 병원 관련 다양한 정보와 이벤트 소식을 정기적으로 제공할 수 있어서 커뮤니케이션의 활용도를 높일 수 있습니다. 타 SNS 채널보다 접근성이 좋고 이용 방법도 간편하기 때문에 소통의 창구로 쓰이기에 좋은 채널입니다.

카카오톡 플러스친구의 장점은 굳이 전화하지 않아도 실시간 1:1 대화 상담으로 편리하게 진료와 치료에 대한 상담 및 예약을 가능하게 만들 수 있는데 이는 기존에 홈페이지에서만 상담이 가능케 한 온라인 상담 채널 창구를 대신할 수 있는 좋은 채널이라고 볼 수 있습니다.

상담뿐만이 아니라 앞서 언급한 대로 병원에서 알리고자 하는 공지사항이나 이벤트 소식을 플러스친구 플랫폼 내에서 콘텐츠로 올릴 수 있고 또한 병원 계정과 친구를 맺은 타 카카오톡 메신저들에게 메시지를 전달하게 하는 유용한 기능도 가지고 있습니다.

다만 여기서 유의해야 할 점은 병원에서 알리고자 하는 정보를 짧은 시간 안에 많은 정보를 전달하겠다는 목적으로 메시지를 자주 보내게 된다면 자칫 스팸 메시지처럼 오인하고 인식할 수 있어서 신중하게 운영해야 한다는 점을 유의해야 합니다.

카카오톡 플러스친구는 대화와 상담이 용이한 메신저 자체로만 끝나는 것이 아니라 카카오 플랫폼 자체와 연계된 특징을 가지고 있기 때문에 카카오 포털 사이트에서에서 디스플레이스 배너 광고를 할 때 채널에 유입이 될 수 있게 세팅을 할 수 있게 만들 수 있습니다. 이러한 카카오톡 플러스친구 플랫폼의 특징 및 장점들을 잘 활용을 한다면 병원 신규 환자 유치는 물론 기존 환자들과의 소통도 수월하게 할 수 있을 것입니다.

병원 CRM

CRM은 customer relationship management의 약자입니다. 사전적 의미로는 고객관계관리입니다. 병원 CRM 흐름을 예시로 들어보겠습니다.

[문의 〉 방문 〉 상담 〉 수술 및 시술 〉 후기 〉 소개]

위와 같이 환자 및 고객의 흐름을 파악할 수 있어야 하고 경로를 추적해서 관리해야 합니다. 어떤 접점에서 이탈하게 되는지 파악을 해서 그 원인을 알고 개선할 줄 알아야 합니다.

병원 CRM의 경우 일반 기업의 CRM과 차이가 있을까요? 엄밀하게 따지면 큰 차이가 있지는 않습니다. 병원에서의 CRM은 병원-환자 간의 관계를 형성하고 관리하는 데 있어 많이 사용되고 있습니다. 대부분의 병원이 CRM을 운영하는 방식에 약간의 차이를 보자면 많은 병원에서 하는 방식은 기존 고객 유지를 통한 병원의 브랜드 경쟁력 강화가 아니라 신규 고객(환자)를 늘리는 경향이 대부분입니다. 결국 기존 고객을 관리한다는 원래 개념이 아닌 이벤트성으로 신규고객을 유치한다는 점이 강조되는 것으로 변하고 있습니다.

병원 CRM의 실행 목적은 단순한 고객 관리와 매출 관리를 넘어서야 합니다. 심리적으로 감동을 줄 수 있는 이벤트와 프로모션을 고객들에게 제공하는 동시에 고객의 본질적인 욕구를 충족해야 하는 것을 목적으로 해야 합니다.

고객 특성에 따라 유형별 정책을 만들어서 고객 개개인에게 적절한 의료 콘텐츠를 제공해야 합니다. 고객은 매우 다양한 특성을 가지고 있음으로 일반화하기 어려운 부분이 있습니다. 따라서 고객 정보의 기준과 분류체계를 정확하게 가져가야 합니다. 병원 기준에 따라서 고객 등급을 나누어 CRM 전략과 접근 방안을 달리해야 수립해야 하는 편이 바람직합니다.

병원의 진료과목 별로 그 형식과 내용이 달라져야 합니다. 예를 들어 우리나라의 병원 특성상, 3차 병원은 마케팅 하지 않아도 환자가 찾아오게 되어 있음으로 마케팅 차원보다는 고객만족도 제고를 강화해야 하며 아웃바운드 마케팅보다는 인바운드 서비스 관리를 강화해야 합니다.

3차 상급병원 아닌 이상 1차 병원과 2차 병원의 상황은 다릅니다. 이런 동네 소규모 병의원은 지역 특성과 각 진료과별 의료 진료 수준에 따라 고객 유치가 좌우되기 때문에 각 클리닉별 홍보 및 마케팅이 강화되어야 합니다. 외과는 치료가 중요하며, 내과는 예방이 중요하듯이, 각각 다른 형태의 CRM 프로그램을 적용해야 합니다.

피부과 성형외과 등도 마찬가지입니다. 정립된 CRM 정책은 없기 때문에 각 병원 상황에 맞게 프로그램을 구성해서 고객 관리를 하는 것이 맞습니다. 단 관리 솔루션에서 빼놓지 말아야 할 것이 몇 가지가 있습니다. 이를 다섯 가지 정도로 나누어 볼 수 있습니다.

첫째, 문의한 환자가 예약하도록 해야 합니다. 내원 유도를 위해서 적극적으로 예약이 될 수 있게 유치를 해야 하는 것이 첫 번째입니다. 문의하게 된 경로와 문의 채널에 대한 정보를 업데이트해야 합니다. 상담을 나눌 때 답변 처리는 어떻게 하였는지 유선 전화 멘트를 했을 때 또 어떻게 응대를 하였는데 매뉴얼을 확인해보는 것이 좋습니다.

둘째, 예약한 환자는 내원을 하도록 유도해야 합니다. 잊지 않고 병원에 내원할 수 있도록 문자 및 유선 안내를 주어야 합니다. 안내 문자의 경우 우리 병원의 차별 포인트나 긍정적 후기 및 전후 사진 등의 정보를 볼 수 있게 링크 주소를 추가해 주는 것이 좋습니다.

셋째, 내원한 환자는 상담에 대한 동의가 이루어지도록 해야 합니다. 고객의 니즈를 파악하여 상담을 할 수 있도록 해야 합니다. 상담 결정에 고민 사항을 확인하여 맞춤 상담을 진행해서 프로그램을 제시할 수 있어야 합니다. 당일 상담에 동의하지 않더라고 해도 다음에 상담을 진행을 할 수 있도록 약속 문자나 관심 문자를 보낼 수 있어야 합니다.

넷째, 상담을 동의한 환자는 시술 및 수술로 이어지도록 해야 합니다. 시술과 수술 전날 확인 전화 및 문자 발송을 통해서 이탈되지 않도록 관리를 하는 것이 좋습니다. 실제로 상담을 담당한 실장이나 코디네이터가 시술 및 수술 당일 안부 문자를 보내는 것이 좋습니다.

다섯째, 시술 및 수술을 진행한 환자는 다음 진료 스케줄을 잡고 다시 내원을 할 수 있도록 관리해 주어야 합니다. 당일 시술 및 수술은 잘 되었는지 다음 진료 예약일 점검이 중요하다는 후 처치, 주의사항 및 관리에 대한 중요성을 언급하는 문자 발송을 해주는 것이 좋습니다. 이러한 관심과 배려에 대한 표현이 곧 CRM이고 이러한 CRM 관리를 통해 고객은 감동을 하게 되고 만족도도 높아지게 됩니다.

CRM 관리 시에 가장 중요한 요소가 환자 응대입니다. 주로 전화 상담을 위주로 하고 그 외에 온라인 상담이 있습니다.

기본적으로 온라인 상담보다는 하루에 전화 업무가 더 많은 편이 일반적입니다. 단순 질문만 오가는 기능을 넘어서 전화의 응대 수준을 파악하여 병원을 갈지 말지 결정하는 요인으로 결정되기 때문에 이 전화 응대도 중요하게 생각해야 합니다.

전화 한 통으로 만족할 수 있거나 불만족할 수 있습니다. 이는 결국 불만족 할 시 내원을 하지 않게 되고 만족하게 되면 내원으로 이어질 수 있습니다. 보이지 않기 때문에 더 오해하기 쉬운 부분이 전화 응대입니다. 한 콜의 전화응대에도 정성껏 성심껏 응대해야 신환뿐만 아니라 재진 환자도 만족할만한 서비스를 경험할 수 있습니다.

환자가 문의 후 방문을 하면 좋겠지만 예약을 하고도 막상 당일에 스케줄을 까먹고 잊어버리거나 시간 약속을 소홀히 하는 경우가 있습니다. 이런 경우 대부분 병원에서 전날 전화하거나 예약문자를 보내는 것이 일반적입니다.

해당 케이스의 경우에는 예약 시간에 맞춰 내원할 수 있게 당부 멘트를 해주는 것이 좋습니다. 약속의 중요성을 안내를 해주는 것이죠. 변동 사항이 있을 때 미리 말씀을 달라고 문자를 보내거나 안내해 주는 것이 방법입니다.

환자가 약속 시간에 병원을 내원을 했다고 해서 진료가 제대로 이루어지면 좋겠지만 사실 이마저도 지켜지지 않는 경우도 있습니다. 진료 스케줄이 미루어지거나 치료 시간 등이 길어지게 되면 생기는 상황입니다.

병원도 고객도 약속 시간을 지킬 수 있게 노력을 해야 합니다. 고객이 잊지 않고 내원할 수 있게 사전 안내 문자 내용을 잘 준비를 하였는지 정성껏 안내 멘트를 하였는지 확인을 해봐야 합니다. 병원 직원들은 예약 고객에게 관심을 가지고 대기시간을 잘 관리를 하고 있는지 이런 사소한 부분까지 점검을 해봐야 하겠습니다.

병원 안티글, 컴플레인

　인터넷, 웹, 온라인 공간은 공유의 욕구를 실천하는 공간입니다. 해당 공간에서의 경험에 대한 공유를 실천하기 위해서 사람들은 자신들의 경험을 글로 써서 남기게 됩니다. 그 경험에 대한 글은 또다시 좋은 글과 나쁜 글이 나뉘게 될 수 있습니다. 이 두 가지 형태의 글 종류는 어떤 형태로든 소비자에게 도달하게 되는데 두 가지 종류의 글 모두 다 보는 것은 맞지만 사실상 나쁜 글이 더 잘 눈에 띌 수밖에 없습니다. 좋은 글은 좋은 글대로 나쁜 글은 나쁜 글대로의 영향이 있는데 어떤 쪽이 더 파급력이 클까요?

　일단 인터넷 뉴스 게시글로 예를 들어보겠습니다. 통상적인 여론 형성에 영향을 끼치는 뉴스 게시글 목록은 대부분 네거티브한 글들이 많이 눈에 띄게 됩니다. 실제 클릭률이나 트래픽 수도 굉장히 많습니다. 일반적인 칼럼 형태의 기고 목적의 글은 잘 읽지 않으며 실제로 눈에 잘 띄지도 않습니다. 이런 논리로 보자면 나쁜 글이 더 영향이 크다고 볼 수 있죠.

이것을 병원마케팅에 대입해서 이야기 해보겠습니다. 마케팅 활동 중에 병원에 대한 좋은 평가 글이 아닌 나쁜 평가 글 즉 안 좋은 후기 또는 안티 글이 올라왔다고 칩니다. 이것이 어떤 채널로 올라오게 되었든지 간에(블로그나 카페) 사실상 관심도의 차이는 있겠지만 사실상 안티 목적의 글이 더 많이 클릭하게 되고 사람들은 일일이 그걸 또 공유를 합니다. 왜 좋은 글과의 차이가 생길까요? 바로 감성을 자극하기 때문입니다.

병원에 대한 좋은 글은 사실상 감성을 자극하기보다는 일종의 데이터로 바라보아야 합니다. 그러나 나쁜 후기 글은 나쁜 감성을 자극하겠죠. 이런 부정적인 글의 계기는 빠르게 물 흐르듯이 전파가 됩니다. 굉장히 빠른 속도로 말입니다.

병원에 대한 좋은 후기 글은 목표 대상이 타인이 봤으면 좋겠다는 정보보다는 사실상 자기만족이나 일상적인 공유가 되기 마련입니다. 그러나 안 좋은 후기 안티글은 목표 대상이 병원 및 타인이 제발 봐줬으면 하는 마음에서 글이 실리고 실제로 제 3자가 보거나 했을 때에는 더욱 군중심리 때문에 병원을 몰이하기가 쉽습니다.

이런 심리적인 관점에서 보았을 때 안티글, 병원에 대한 안 좋은 후기 글은 매우 안 좋은 영향이 있을 수밖에 없습니다. 매출 신장에 심각한 지장을 주고 또한 병원 이미지에 안 좋은 영향을 주고 말죠. 결국, 이런 안 좋은 글에 대해서는 조치를 해야 합니다.

안 좋은 글의 경우 두 갈래 꼭지로 나누어지게 되는데 보통 컴플레인 관련 글 또는 완벽한 안티글입니다. 병원 입장에서 보았을 때는 두 가지 유형이 다 안 좋은 내용이겠지만 사실상 도움이 될 수 있는 글은 컴플레인 관련 글입니다. 어떤 부분에 있어서 컴플레인이 이루어졌는지 파악을 하여 일종의 병목현상을 제거할 수도 있죠. 고객이 남긴 소중한 자산이 될 수도 있습니다. 안티글은 이와 별개로 생각해 볼 부분인데 사실상 이 두 가지 유형을 구분을 짓기란 어려운 부분이 있습니다.

병원 입장에서 보자면 어떤 내막이 있어서 환자를 돌려보낸다거나 하는 상황이 실상으로 보이겠지만 환자 입장에서 보면 다를 수도 있습니다. 병원과 환자 사이의 입장차이 그리고 간극이 존재하기 때문입니다. 환자 중에서도 분명히 소위 말하는 진상이 있을 수도 있고 아닐 수도 있습니다. 그리고 그렇게 부르는 진상고객이 안 좋은 후기 글 또는 안티글을 쓰게 되면 그것이 병원 입장에서 좋은 자산 및 데이터가 될 수 없습니다.

이렇게 환자와의 어떤 사안에 대해서 불확실성에 직면하게 될 때에는 조금 더 멀리 떨어져서 상황을 분석할 필요가 있습니다. 안 좋은 상황에 맞닥 들여서 쉽게 흥분하고 하게 되면 좋은 결과를 기대하기가 힘들죠. 일단 이러한 상황이 생긴 요인을 분석하여서 우선 병원에서 해야 할 조치를 취해야 합니다. 일단 병원 입장에서 보았을 때 업무가

지장이 될 만한 정도의 이미지가 훼손될만한 글이라면 당장에 포털 사이트에 글을 지우기 위해서 조치를 해야 합니다.

그 이후에 환자와의 남아 있는 잔여 감정들에 대해서 부정적 감정을 배제하는 작업을 해야 합니다. 안 좋은 글 자체가 긍정적 감정은 별로 없기 때문에 남아있는 잔여 감정 즉, 부정적 감정이라도 서로 이해관계와 사실관계를 공유하고 파악하여 종결을 짓는 것이 바람직합니다. 이때 병원에서 꼭 필요한 것은 일종의 메시지입니다.

결과를 정해놓고 병원 입장의 견해를 전달하는 것은 바람직하지 않고 환자와 오랜 시간 동안 대화를 해야 합니다. 인간의 사고방식이 이뤄지는 과정이 정보 형태가 아닌 결국 이야기, 즉 스토리텔링 형태로 이루어지기 때문에 우리 병원 입장은 이러이러하다. 일방적인 전달을 하는 것은 바람직하지 않고 대화를 해야 합니다. 대화에서 필요한 건 앞서도 설명했지만 메시지입니다.

병원은 형태가 있는 서비스가 아닌 무형의 의료 서비스를 파는 곳이기 때문에 일종의 회사 고객 서비스 상담처럼 딱딱하게 이야기가 오고 가는 형태로 환자와의 관계 형성을 하는 것이 아니라 문제가 생긴 부분은 기꺼이 해결 해드리겠다는 방식으로 대화를 해야 합니다. 당신을 지속해서 케어해주겠다는 메시지가 들어가게 되는 것입니다.

사실상 병원에서 이런 환자는 놓치고 싶지 않은 환자가 아닌 제발 좀 재 내원을 하지 않았으면 하는 환자 고객입니다. 그렇지만 환자는 환자, 고객은 고객이기 때문에 지속해서 케어해 주겠다는 것이 정답이고 맞습니다. 주먹구구 방식으로 이러한 블랙컨슈머 환자 한 명 한 명

대응하는 것이 아니라 적절하게 대응을 할 수 있는 매뉴얼을 미리 만들어 두신 다음에 환자 후속 관리 및 케어 방식에 대해서 고민을 하여 대응을 할 수 있는 것이 바람직합니다.

　병원의 의사 선생님, 원장님은 일상으로 돌아가 고객이 되어서 대중교통을 타고 마트를 가며 어떠한 상황에서 불편함을 느끼게 되면 어떤 감정이 드시나요? 기사 또는 캐셔가 아무리 잘했다고 한들 부정적 감정이 들고 컴플레인이 나갈 수밖에 없습니다. 이런 상황에서 끝까지 나를 케어해주는 기사 또는 캐셔가 마음에 드실지 아니면 다신 보지 않겠다는 심산으로 대처를 하는 기사나 캐셔가 마음에 드실지 고민을 해보시기 바랍니다.

　병원의 좋은 후기가 하나 있다고 해서 병원 매출 그래프가 크게 뛰는 것은 아니지만 좋지 않은 비방글에 가까운 후기가 있다면 매출 그래프가 크게 떨어질 수 있습니다. 결론은 후기에 대한 모니터링을 제대로 해서 응대를 할 내용에 대해서는 피드백을 거의 다 해주는 것이 좋습니다.

　다만 일방적인 병원의 비방글의 경우 삭제가 가능한 플랫폼일 경우 되도록 지울 수 있도록 하는 것이 좋습니다.

병원 마케팅 직원 세팅

병원 홍보를 하는 방법은 두 가지로 병원 내부에 마케팅 직원을 두는 인하우스 방법이 있고, 그 외 병원 마케팅을 전문으로 진행하는 온라인 마케팅 대행사 또는 외부 마케터를 활용하는 방법이 있습니다.

인하우스 방식을 채택해서 병원 내에 마케터 직원을 두게 된다면 마케터 1인 또는 마케터 1인 + 디자이너 1인 이런 방식으로 팀을 운영하게 됩니다. 일반적인 경우는 대부분 1인 마케터 직원이 마케팅 관련 모든 업무를 도맡아서 핸들링 하는 경우가 많습니다.

마케팅 업무 전반적인 것들과 병원의 잡다한 일들 경영 인사 관련된 일 등을 도맡아서 하게 됩니다. 어찌 됐든 일단 이렇게 병원 내에 마케팅 직원이 있으면 장기적으로 일관성 있게 브랜드를 관리하는데 적절한 방법일 수 있습니다. 왜냐면 병원의 상황과 의사의 성향을 알고 있기 때문입니다. 그러나 인하우스 마케팅 직원의 걸림돌은 실력과 경험을 겸비한 마케터 영입의 문제이고 또한 병원 논리에 지나치게 함몰되는 것입니다. 병원 안에서만 업무를 하다 보니 다양한 플랫폼과 매체에 대한 정보와 인식이 부족해지는 것입니다.

이러한 인하우스 문제점을 예견했거나 체계적이고 전문적인 홍보를 원하는 병원 및 의사분들은 병원 마케팅 대행사나 외부 마케터를 적극적으로 활용하는 것이 좋습니다. 이 부분의 장점은 기획과 실행, 업무 시스템과 전반적인 프로토콜이 체계적이라는 것과 트렌드 읽기에도 능하고 병원에서 미처 생각하지 못한 참신한 아이디어를 제공하기도 합니다.

오래된 병원일수록 좋은 병원 마케터 및 컨설턴트를 만나면 병원 성장의 도움이 될 수 있습니다. 단 신생 개원 병일 경우에는 직원 세팅에 여력이 없기 때문에 오히려 마케팅 업체를 선별해서 진행하는 것이 더 좋습니다.

마케팅 업체 선별

만일 대행사를 구하여 일하게 될 때 효율적으로 일하는 방법은 어떻게 하면 될까요? 대부분의 병원을 마케팅 대행사와 협업을 하는 것에 대해서 어려움을 느끼는 것이 일반적입니다. 업체들이 너무 많고 그 많은 업체들은 또 좋고 나쁘고 이상한 형태의 업체들로서 구분될 수 있기 때문입니다.

좋은 업체의 기준은 명확한 업무 영역을 가지고 있으며 그 업무들은 일정한 기준에 따라 진행이 됩니다. 소통이 원활하고 피드백이 빠르며 업무처리도 빠릅니다. 그리고 매당 진행 업무에 대한 성과를 보고하고 이야기해 줍니다.

나쁜 업체는 진행 상황 및 성과에 대한 보고가 없습니다. 소통이 원활하지 않고 피드백이 없으며 업무 진행속도도 느립니다. 일반화할 수는 없지만 대부분 이런 나쁜 업체의 경우 성과 또한 떨어집니다.

병원 마케팅 업체는 대부분 영세한 자영업 구조가 많습니다. 실질적으로 1인 기업도 많고 프리랜서로 활동도 많이 하는 분야이기도 합니다. 마케팅 능력에 일가견이 있다면 사실은 병원을 하지 않는 것이 더 맞는 이야기입니다. 정말 실력이 있는 마케터나 큰 규모의 마케팅 업체들의 경우 보통 대기업이나 공공기관을 마케팅을 담당합니다.

종종 보게 되는 케이스지만 병원 마케팅 업체 중에서는 실제로 필드에서 뛰어본 경험도 없으면서 얕은 재주로 과장된 마케팅 상품을 이야기하는 곳들이 있기도 합니다.

병원 원장님들이 조금만 마케팅에 관심을 두고 찾아본다면 지금까지 공부를 해온 경험이 있기 때문에 대략 한 달 정도만 공부해서 마케팅 실무를 직접 해본다면 더욱 잘할 수도 있습니다.

요즘 유튜브에 너무나도 잘 마케팅 방식에 대해 나와 있고 하다 보니 그것을 많이 보고 토대로 해서 실제로 병원 마케팅 실무에 적용해보는 것도 좋습니다. 그렇게 경험을 쌓고 마케팅 업체를 미팅한다면 마케팅의 전반적인 전략과 기획을 위임해도 될지 아니면 단순 노동에 대한 대행을 요청할지 감이 오게 됩니다. 어느 정도 마케팅에 대해서 알게 될 때까지는 마케팅 업체에 지불하는 수업료로 생각해서 실제로 마케팅 업무를 진행해보는 것도 좋습니다.

규모가 있는 네트워크 병원에서 하는 전반적인 마케팅 방식도 사실 수준이 그렇게 높지 않습니다. 일반 병원들이 하는 방식과 거의 비슷하게 마케팅이 진행됩니다. 액팅에 대한 부분을 의사들이 이해하지 못하거나 직접 해보지 못하기 때문에 그런 것입니다.

사실상 믿고 맡길만한 병원 마케팅 업체를 찾는 것은 어렵다고 보면 되고 솔직히 말하자면 대행사나 업체보다는 실제로 필드에서 오래 일해 본 경험을 가지고 있는 마케터들과 직접 미팅을 하셔서 컨설팅을 받아 보시는 것이 좋습니다. 여기서 중요한 점은 단순히 오랜 경력을 가지고 있는 마케터가 더 실력이 있는 것이 아닙니다. 실제로 매출 상승에 기여한 마케터가 더 많은 인사이트를 가지고 있다는 점을 유념해야 합니다.

단순히 마케팅 실행만을 진행하는 마케터들이 있는 반면에 컨설팅까지 가능한 마케터가 있습니다. 이런 마케터들과 가능한 많이 만나 미팅을 진행해보면서 컨설팅을 받는 것이 좋다고 할 수 있습니다. 컨설팅과 분석의 경우 각 개인의 주관적인 영역과 인사이트가 들어갈 수밖에 없기 때문에 사실상 정답지를 내놓는 것이 아니라는 것을 알고 접근을 해야 합니다. 그렇기 때문에 한사람에게 컨설팅을 받기보다는 여러 사람과 미팅을 진행해서 컨설팅을 받도록 하는 것이 더 효율적인 진행 방법이라는 것을 알고 있어야 합니다.

병원 마케팅 대행사이든 프리랜서든 마케팅을 담당할 업체나 사람을 만나고 선택을 하려면 환자가 의사를 찾든 여러 군데를 검색해서 상담을 진행해보고 결정을 하는 것이 좋습니다.

마케팅은 스토리텔링이다

마케팅은 어려우며 정답이 없는 분야입니다. 그렇기 때문에 어떻게 보면 전문가도 없다고 할 수 있습니다. 그렇기에 크리에이티브한 영역이기도 합니다. 마케팅을 해본 경험이 없는 사람도 아이디어만 있으면 진행해볼 수 있는 영역이라는 것입니다. 크리에이티브하면 뭐가 떠오르는가요? 타인의 길을 따라가는 것일까요? 나만의 길을 가는 것일까요?

삼성 같은 경우 과거에 슈퍼 2인자 전략이라는 마케팅 방식으로 애플사를 모방해서 그 수준을 따라갔습니다. 현재는 독보적 수준은 아니지만, 갤럭시 폰의 글로벌 점유율은 높은 편입니다.

어쨌든 정작 최고 점유율을 지키고 있는 1인자 자리를 지키고 있는 애플은 마케팅을 어떻게 할까요? 정답부터 말하면 일종의 스토리텔링 콘텐츠가 확고하고 명확하다는 것이 무기입니다. CF 광고만 봐도 애플만의 톤이 있고 그 톤으로 스토리텔링을 만들어서 소비자에게 다가가며 스며듭니다.

스토리텔링 콘텐츠는 병원에도 접목할 수 있습니다. 가령 피부과로 예를 들어 설명해보자면 "난치성 피부질환 치료가 있는데 이 치료는 우리 병원에서만 가능하고(특허) 치료 사례가 많습니다. 그리고 해당 치료의 수준을 높이기 위해서 연구 활동을 많이 하고 있습니다. 그리고 주기적으로 지역에서 가정형편이 어려운 환자들 대상으로 해서 무료 진료를 해주고 있습니다."입니다.

위와 같은 스토리텔링 콘텐츠는 이제 병원뿐만이 아니라 산업 전반에 보편화한 영역으로 보아야 합니다. 크리에이티브한 마케터라면 일반적으로 사람들이 다 아는 병원의 진료 영역만 이야기만 하는 것이 아닌 진료와 더불어서 병원에 와야만 하는 이유를 대며 설득을 해야 할 것입니다.

만약 병원이 어떤 아이템에 대해서 독보적이 될 수 없다면 과감하게 그 자리가 아닌 다른 자리를 선점하고자 방향을 선회해서 가야 합니다. 1인자 병원 자리가 있다면 2인자 병원 자리나 다른 자리에서 병원의 특징을 뽑내면 됩니다. 이 부분을 위해서는 다른 병원이 하지 않는 스토리텔링 마케팅 기법을 통해서 마케팅 전략을 기획을 해보면 좋겠습니다.

병원 상호는 중요한가

병원의 상호도 일종의 마케팅 기법으로 전략적으로 기획하는 것이 좋습니다. 결과적으로 상호는 중요하다는 말씀을 드릴 수 있을 것 같습니다. 더욱이 개원 병원이라면 말입니다. 이는 이미 브랜드를 구축하고 있는 그리고 구축이 된 병원들에 입장을 말씀드리는 것은 아닙니다.

이제 개원해서 시작하는 병원이거나 또는 개원 전의 병원이라면 상호에 더 공을 들이셔야 합니다. 상호뿐만 아니라 브랜드 이미지의 정체성을 표시할 수 있고 다각도로 노출할 수 있는 로고 디자인도 심혈을 기울이는 것이 좋습니다.

잘 지어진 병원의 상호와 로고 등은 브랜드 슬로건을 뒷받침할 수 있는 배경이 될 수 있으며 해당 디자인을 통해서 명함과 간판 그리고 내부 인테리어와 더불어서 병원에서 제공되는 각종 게시물과 출력물에 쓰일 수 있습니다.

위에 나열한 하나하나의 요소들이 일관된 콘셉트 안에서 서로 조화를 이루어 하나의 브랜드가 완성될 수 있습니다.

과거에는 의사의 이름을 병원 상호에 대입하여 짓는 것이 일반적이었습니다. 또한 출신 학교를 상호 앞에 넣는 이른바 이력에 대한 부분을 중시하는 경향이 있었습니다. 이런 정형화된 틀을 깨고 네이밍의 중요성을 깨달아 상호를 기획하셔야 합니다.

전문성을 표방한 병원이라면 환자의 세대 및 성별이나 지역별, 소득별 타겟도 고려하는 것이 좋습니다. 만일 젊은 층을 상대로 하는 미용시술 및 수술 관련 병원이라면 감각적이고 세련된 이름을 짓는 것이 좋고, 로컬 지역 병원이라면 신뢰성을 주는 이름으로 결정하여 이미지 구축을 하는 것이 좋겠습니다.

참고하셔야 할 부분은 의료법에 저촉되지 않게 상호를 짓는 것입니다. 의료법 35조와 시행규칙 29조에 의해 의료 기관은 규제를 받고 있습니다. 35조의 경우 '의료기관 종별에 따른 명칭 외에 명칭은 사용하지 못한다.'라고 되어있습니다. 또한 '종별 명칭 위에 고유명칭은 의료기관의 종별 명칭과 혼동할 우려가 있거나, 특정 진료과목 또는 질병명과 유사한 명칭은 사용하지 못한다.'라고 되어 있는 점을 유념해서 짓는 것이 좋겠습니다.

이런 마케팅은 고민해보자

　병원 마케팅에서 흔히 접할 수 있는 방식이 바로 가격 마케팅 전략입니다. 앞에서 소개한 바 있지만 치료 및 시술에 대한 가격에 대한 메리트를 주는 방식으로 비급여 시술 및 수술의 수가를 낮게 설정하여 이벤트 및 프로모션을 진행하는 것입니다. 그런데 여기서 중요하게 생각해봐야 하는 것은 저렴한 비급여 시술이나 수술 가격을 앞세워서 마케팅하는 방법은 과연 누구한테 이득이 되는 것일지 고민을 해봐야 합니다.

　병원을 운영하는 데 있어서 이득으로 작용할까요? 이런 방식은 어찌 보면 기만술에 가깝다고 할 수 있습니다. 주로 미용을 목적으로 진료하는 피부과 성형외과에서 많이 하는 마케팅 방식이기도 합니다. 각 시술 및 수술들의 수가를 낮추어 이벤트 방식의 콘텐츠를 노출해서 신환을 창출을 합니다.

시술마다 차이가 있겠지만 의약품 재료가 들어가고 시술자 즉 의사의 치료 시간 등이 들어가는 등 전문성에 따라서 가격 책정이 병원마다 다릅니다. 이 부분에서 수가가 낮아지는 동시에 서비스나 퀄리티 면에서 떨어지는 경우가 많습니다. 이와 같은 마케팅 방법은 초기 마케팅 방법으로 신규 환자를 유입시키게 할지는 몰라도 자칫 잘못하면 실패할 수도 있는 마케팅 전략입니다.

이미 이러한 저렴한 가격의 시술 콘텐츠를 구분할 수 있을만한 정도의 수준의 환자들과 고객들은 존재합니다. 저렴한 비용의 시술 및 수술은 사실 좀 더 저렴한 비용을 내세우는 병원에 의해서 계속해서 대체되고 이러한 상황이 지속되면 의료 시장은 혼탁해질 수 있습니다. 병원이 가격에 대한 경쟁만 하다 보면 의료 서비스나 제공되는 퀄리티의 신경을 쓰는 것이 아니라, 말 그대로 가격에 맞추는 서비스와 퀄리티가 나올 수밖에 없다는 의미입니다. 이는 병원을 포함한 모든 업종과 서비스 제품이 그렇다고 봅니다.

저렴한 수가를 찾고자 하는 사람들이 있겠지만 이는 치료 효과와 결과 그리고 만족도로 이어질 수밖에 없습니다. 결국 질 낮은 서비스와 치료의 퀄리티를 보게 된 환자들은 병원을 재방문 하지 않게 됩니다. 효과가 떨어지거나 없어서 재시술하고자 다른 병원의 선택으로 이어지는 것이 수순이 일반적이라고 보면 됩니다.

음식점은 맛만 있으면 장땡이라는 말이 있습니다. 거의 맞는 말이고 진리이기도 합니다. 이 말을 병원에 대입한다면 어떤 말이 필요할까요? 결과적으로 치료 및 시술(수술)의 효과와 결과만 좋으면 장땡이라고 말할 수 있습니다. 그러나 사실 이 말은 위험하기도 합니다. 결과는 한순간이지만 과정이 대부분이기 때문에 과정을 중요시하게 생각해서 선행적으로 해야 할 일들이 있습니다.

결론은 치료를 중점으로 생각해야 합니다. 즉 치료의 퀄리티를 높이면서 동시에 치료에 관한 결과를 좋게 만들어 내는 것이 선행적으로 해야할 일이고 추구할 일이며 또 병원이 지향해야 하는 중점 포인트라는 것입니다. 이 중점 포인트를 어떻게 병원 마케팅 운영에 있어 녹여 내어야 할지 고민해야 하는 것이 바람직합니다.

과도한 가격 마케팅을 진행하는 것으로 너무 수가에 대해 고민만 하는 것이 아니라 왜 우리 병원을 선택해야 하는지, 또 우리 병원에서의 좋은 치료 및 시술(수술) 결과를 어떻게 더 알릴지 더 고민해서 효과적인 마케팅 포인트를 잡는 것이 좋겠습니다.

이런 마케팅은 꼭 해보자

홈페이지 SEO라는 말을 들어본 적 있으신가요? SEO는 검색엔진 최적화라는 뜻입니다. 쉽게 말해 검색 엔진이 이해하기 쉽도록 홈페이지의 구조와 각 페이지를 개발해서 검색 결과 상위에 노출될 수 있도록 하는 작업을 말합니다.

기본적인 작업 방식은 특정 검색어를 웹 페이지에 적절하게 배치하고 다른 웹 페이지에서 링크가 많이 연결되도록 하는 것이 방법입니다. 네이버, 구글 등의 포털 사이트의 검색엔진이 어떻게 동작하는지 홈페이지 내 콘텐츠를 검색 로봇이 잘 인식해 수집해갈 수 있게 하려면 어떻게 웹 페이지를 구성해야 하는지를 알아야 합니다.

네이버의 경우 블로그, 카페 위주로 콘텐츠가 노출되기 때문에 홈페이지에서 제공하는 콘텐츠로는 노출이 쉽지 않습니다. 즉, 동일한 내용의 콘텐츠라도 네이버 서비스 내에 제공되는 콘텐츠가 네이버 외에 웹서비스 및 콘텐츠보다도 검색 결과 상위에 더 잘 노출된다는 의미입니다.

구글의 경우는 홈페이지 관리자를 위한 웹마스터 도구를 제공합니다. 이 도구를 통해 현재 구글 검색엔진이 자신의 홈페이지 콘텐츠를 어떻게 수집해가고 있는지 각 페이지에 인덱싱이 잘 되고 있는지 등 다양한 정보를 확인할 수 있습니다. 따라서 네이버와 구글 중 홈페이지를 어디에 더 중요하게 노출할 것인지 결정해, SEO를 최적화하는 것이 중요합니다.

인터넷 사용자가 꼭 홈페이지의 메인만 보고 나가는 것은 아닙니다. 예를 들어 구글에서 키워드를 검색하면 검색 결과에는 원하는 정보가 있는 홈페이지의 랜딩 페이지가 노출되고 클릭하면 해당 페이지로 유입됩니다. 어떤 페이지로 방문이 유입될지 모르기 때문에 모든 페이지에는 메인 페이지로 이동할 수 있는 링크를 연결해 두어 전체 사이트의 유기적인 동선을 만들어 두는 것이 무엇보다 중요합니다. 이것이 곧 사용자 편의성과도 연결되는 것입니다.

SEO의 장점은 한번 세팅만 잘 해두면 별다른 수정 없이 우리 병원의 홈페이지가 웹상에서 노출이 잘 되는 것입니다. 각 페이지에 맞게 조합된 키워드들을 검색했을 때 웹상에서 노출이 되기 때문에 신뢰감 있는 문서로 인식해 유입될 수 있습니다. 한번 세팅을 할 때 비용이 들기는 하지만 SEO 작업을 통해 키워드 광고비용을 줄일 수 있는 점도 장점입니다.

지금까지 기술적인 부분만 다루고 브랜드 마케팅 관련해서는 사실 이야기를 많이 하지 않았습니다. 그 이유는 병·의원이 사실상 LG나 삼성과 같은 대기업이 아니기 때문에 그렇게까지 중요하지 않다는 견해가 있어서 하지 않은 것인데 이번에는 해보면 좋을만한 브랜드 마케팅 방법에 대해서 짧게 이야기를 해보겠습니다.

병원이란 업종의 환경은 사회에 공헌하기 좋은 환경입니다. 의료 환경은 수요자가 많고 의료 서비스 이후 결과가 좋았을 때 느끼는 만족도와 감동은 클 수밖에 없습니다. 확고한 브랜드 이미지와 정체성을 심어주기에 좋은 방법은 바로 사회 공헌입니다. 의료 봉사 및 기부활동, 장학금 전달, 소외 계층에 대한 무상 진료 서비스 등 이런 대외적인 활동 부분은 그 행위 자체로 끝나는 것이 아니라 병원의 특별함을 더 특별하게 만들어 줄 수 있는 이벤트와도 같습니다. 그렇기 때문에 이런 대외적인 활동은 꼭 할 수 있으면 많이 하는 것이 좋고 활동으로 끝나는 것이 아니라 브랜드 이미지에 성장을 위해서 각종 콘텐츠와 데이터로 남겨두는 것이 바람직하겠습니다.

병원이 브랜드를 가진다? 이 부분은 우리 병원의 신뢰와 기대를 하고 바라보게 하는 것으로 우리 병원이 가지고 있는 진료 상품 서비스에 대한 경쟁력을 갖추는 근본이 됩니다. 우리 병원이 어디에 위치해야 할지 포지셔닝을 고민해 봐야 할 때 시기적절하게 위와 같은 브랜드 알리기 방법을 진행해보는 것이 좋겠습니다.

개원을 한 지 얼마 안 된 동네 로컬 병원이 브랜드 마케팅 방법을 진행하기에는 시기적절하지 않을 수 있으며 병원의 큰 이익을 가져다주지 못할 수 있다는 점을 유념하셔야 합니다.

매출을 올리면 마케팅은 끝일까

병원 마케팅 운영의 안정적인 시스템을 만들고 나서 매출이 오르게 되었다면 어떻게 할 것인가요? 매출을 올리면 마케팅은 끝일까요? 제가 겪은 두 가지 케이스를 말씀드리겠습니다. A 피부과의 경우 지역 로컬병원이었습니다. 매출이 그다지 좋지 않았던 케이스로 마케팅을 진행해서 매출을 4배 인상을 만들어 낸 성공적인 케이스의 피부과였습니다. 해당 병원에서는 마케팅의 운영 필요성을 알고 마케팅을 계속 진행하였습니다. 병원 명은 밝힐 수 없지만, 그 이후에는 현재도 꽤 몸집이 커진 병원으로 발돋움해서 강남권에 입성하게 되는 쾌거를 이루게 되었습니다. 매출은 어떻게 되었을지 상상에 맡기겠습니다.

B 피부과의 경우 강남권에 있는 병원이었습니다. 손익분기가 이미

나쁘지 않았던 병원인데 마케팅을 진행해서 몸집을 더 부풀리고 싶은 병원이었습니다. 실제로 마케팅을 공격적으로 진행을 해서 매출을 더 상승하였고 손익분기 지점보다 2배 이상 매출을 올리게 되었죠. 이후 페이닥터를 늘리고 병원도 확장을 하게 되었습니다. 마케팅의 필요성은 알고 있었지만, 매출이 안정화되었기 때문에 더 이상의 마케팅은 진행하지 않게 되었습니다. 매출이 가파르게 떨어지지 않았지만 병원을 노출하지 않고 있었기 때문에 신규 환자의 진입이 떨어졌고 온라인에서 병원이 회자되는 횟수도 줄었습니다. 결국 자연스럽게 매출은 소폭 떨어지게 되었습니다.

앞서 소개한 두 병원 케이스로 미루어봤을 때 마케팅은 지속해서 진행해야 된다는 것을 아실 수 있을 겁니다. 현재까지 마케팅을 진행해서 병원 매출이 늘고 이익이 실현되었는데 굳이 계속 마케팅에 돈을 써야할까? 하시는 원장님들도 분명히 계실 것입니다. 그런데 정말 필요한 것은 마케팅의 지속성을 유념해야 한다는 것입니다. 말 그대로 마케팅 활동은 끊임없이 진행되어야 하죠. 현재의 광고 채널에 안주하지 않고 더 노출을 할 수 있는 채널은 무엇일지 고민을 해야 하며 병원의 잠재 고객층은 과연 어디에 있을지도 고민해야 합니다. 현재 마케팅 대행사에 광고 기획과 콘텐츠에 만족하지 마시고 타 업체와도 협업을 지속해서 진행하시는 것을 권해드립니다.

일반 회사의 경우 규모가 커지기 위해서 지속적인 투자를 합니다. 인력 투자를 비롯한 시설과 장비, 그리고 인사경영과 마케팅에 투자하죠. 제조업의 경우는 공장을 더 늘리거나 R&D 분야에 투자합니다. 병원도 마찬가지입니다. 병원의 브랜딩 즉, 네임 밸류와 규모가 커지는 것을 원한다면 인력을 늘리고 마케팅을 하고 손익 분기가 안정화되고 매출이 큰 폭으로 늘면 확장을 더 해서 커나가야 합니다.

병원 개원을 하고 나는 진료와 치료, 의술 위주로 명성을 쌓아나가 겠다 하시는 의사 선생님들도 마찬가지입니다. 본인의 명성과 브랜딩으로 성공하고자 한다면 현재에 만족하는 것보다는 규모를 크게 만드는 것을 고민해야 합니다.

'잘 모르겠으면 큰 병원 가라.'이 말을 앞선 챕터에서 설명해 드린바 있습니다. 다시 상기 시켜 드리는 이유는 환자와 고객은 언론매체에 노출되는 의사를ㄴ 찾아다니는 것이 아니라 더 좋고 큰 병원을 가서 결과에 대한 만족도를 얻고자 한다는 것입니다. 의료 소비자의 권익을 실현하기 위한 욕구는 의료진의 전문성과 시술이라는 점을 유념에 두어야 할 것입니다.

과거에는 명의라는 호칭이 부와 명예의 상징이었다면 현재는 아닙니다. 명의가 단순 병을 잘 고치는 의사, 시술 및 수술을 잘하는 의사에서 끝나는 것이 아니라 병원의 확장성으로 변모되었다고 해도 과언이 아닙니다. 자기 자신이 뛰어나다는 것을 넘어 병원이 돋보여야 하는 시대입니다. 이것을 고민해서 병원을 더 확장하는 것에 투자를 하시기 바랍니다.

병원 마케팅 실무 서적

병원 마케팅 실무 서적이 과연 도움이 될까요? 결론부터 말하자면 도움이 될 수 있습니다. 다만 알아야 할 내용은 사실은 병원 마케팅 실무에 대한 정립된 내용은 없다는 것을 알아야 합니다. 즉 정답이 없는 영역이라는 말과 같습니다. 이 부분은 모든 사업체가 마찬가지일 것입니다. 마케팅이라는 분야가 딱히 정립된 실무 내용이 없기 때문에 이 방법이 해답이고 이것이 정답이다 이렇게 얘기하는 서적은 경계해야 합니다. 사실 서적뿐만이 아니고 이런 뉘앙스로 이야기를 하고 어필을 하는 광고 담당자와의 만남 또한 경계해야 합니다.

오히려 마케팅 실무에 적용 가능한 범위는 사업 영역을 가리지 않는다는 불문율을 기억하고 여러 가지 마케팅 관련 서적에 접근하는 것이 더 바람직하다고 볼 수 있겠습니다. 그렇기 때문에 마케팅 관련 실무에 관해 관심이 있다면 굳이 마케팅 분야의 책만 볼 것이 아니라 여러 분야의 책을 가리지 않고 봐야 하는 편이 더 사고를 확장하는데 도움이 될 것입니다.

분야를 좁혀 본다면 기본적인 온라인 마케팅 서적과 심리학 서적, 고객 관계관리와 같은 CRM 관련 서적 등을 함께 취합해서 보시는 것을 권해드립니다.

제3장
마케팅 시뮬레이션

내가 병원 원장이라면 어떻게 할 것인가?

앞서 여러 마케팅 기법과 방법들에 대해서 소개를 했습니다. 지금부터는 여러 방법 가운데 어떤 방식을 채택하는 과정으로 실제 저의 병원에 도입을 할지 시뮬레이션을 해보도록 하겠습니다.

지금부터 이야기하는 부분은 가정이 되겠습니다.

저는 피부과 진료하는 의사이며 개원을 하여 대표원장이 될 예정입니다. 서울 핫플레이스 지역인 강남이 선택지에 있었지만, 임대료 문제 때문에 강남이 아닌 약간 변두리 지역에 개원하기로 계획을 하고 입지를 알아봄과 동시에 건물까지 알아보고 임대를 계역을 했습니다.

그리고 두 달 뒤에 개원이 될 것입니다. (개원 과정 생략) 그럼 지금부터 마케팅에 대해서는 무엇을 생각해야 할까요?

당연히 집들이를 준비하는 것입니다. 오프라인 집들이는 당연히 환자가 오는 것입니다. 이를 온라인에서도 준비해야 합니다. 제일 먼저 준비해야 할 것은 온라인에서 병원에 얼굴이 되어줄 집을 만드는 것입니다. 바로 홈페이지 제작을 해야 하죠. 홈페이지 기획과 개발 그리고 포털 사이트에서 노출이 될 수 있게 세팅을 해주는 과정이 필요한데 길게는 6~7개월 적게는 두 달 안에 세팅을 할 수 있습니다. 해당 과정을 빠르게 진행을 해야만 합니다.

홈페이지 제작을 위한 방법은 병원을 전문으로 홈페이지 제작을 진행하는 웹에이전시에 맡기는 방법이 가장 수월합니다. 이미 기획에 대한 레퍼런스가 많이 존재하기 때문에 그 기획된 내용물 안에서 빠르게 커스터마이징을 하여 결과를 낼 수 있습니다. (커스터마이징 : 고객의 요구에 따라 서비스를 만들어주는 일종의 맞춤 제작 서비스를 말하는 것)

단 비용이 홈페이지 제작비용이 문제입니다. 제작비는 많게는 수천만 원 이상 지불해야 할 수 있습니다. 금전적인 부분에 있어서 세이브를 하려면 개원을 할 때 생각해둔 프로젝트 예산에서 맞추는 것이 좋습니다. 기존에 생각한 홈페이지 제작 예산이 있다면 거기에 맞추는 것이 좋다는 말입니다. 부담스럽게 더 비용을 추가 지불하거나 하는 일이 없이 타이트하게 맞춰 제작하는 것이 가장 합리적이라는 이야기입니다.

홈페이지 제작비용의 상당 부분을 세이브하고 싶다면 무료 플랫폼을 염두에 두어 제작을 진행해도 좋습니다. 물론 비용이 많이 들어갈 경우 홈페이지의 디스플레이와 기능은 더 화려하고 좋아질 것입니다.

정작 중요하게 생각하고 있는 것은 눈에 보이는 것만이 중요한 것이 아니라 실제로는 기획된 내용이 더 중요한 부분이라는 것을 알고 있습니다. 홈페이지 제작에 대한 결론부터 말하자면 저는 홈페이지 제작비용을 최대한 많이 세이브하고 싶기 때문에 무료 플랫폼을 알아본 다음 거기에 제작을 할 것입니다. 제작 진행 과정도 짧기 때문에 예산을 많이 산정하지 않고 진행해도 됩니다.

홈페이지에 내용은 기본적으로 의사의 약력과 진료 철학, 진료 내용과 더불어서 개원 이벤트로 미용 환자분들에게 혜택을 줄 수 있는 시술 프로그램들을 몇 가지 기획을 해서 내용을 준비합니다. 전반적인 홈페이지의 내용과 디자인 및 레이아웃 구성은 굉장히 심플하게 제작될 예정입니다.

어렵게 준비를 할 필요가 없고 초반에는 내용을 부풀려서 만들 필요도 없습니다. 홈페이지는 추후에 얼마든지 수정 가능한 부분을 알고 있습니다. 그리고 추후에는 만들어 둔 무료 플랫폼이 아닌 웹표준을 지킨 반응형 홈페이지로 리뉴얼을 할 예정입니다. 기능적으로도 부족한 부분은 얼마든지 커스터마이팅을 해서 추가하고 수정하면 되기 때문에 초반에 너무 힘을 쏟아부을 필요가 없다는 말입니다.

초반 홈페이지 제작에 대해서 대게 고민을 많이 하고 힘을 주기 위해서 초반 기획에 많은 내용을 담고자 하는 분들이 있는데 정형화된 상품이나 솔루션을 판매하는 것이 아니고 얼마든지 수정 가능한 부분이라는 것을 알고 접근을 하는 것이 좋습니다.

　온라인에 집들이를 할 수 있게 홈페이지를 만들고 있는 과정이라면 이젠 오프라인을 봐야 합니다. 온라인에만 집중해선 안 됩니다. 마찬가지로 오프라인에만 집중해서도 안 됩니다. 환자들이 길을 가다가도 외부에 있는 홍보 게시물을 보고 올 만한 루트를 사전에 만들어야 합니다. 오프라인도 광고 채널과 방법이 많지만 나는 우선 사람들이 몰리는 지하철 또는 버스에 옥외광고를 세팅할 것입니다. 병원의 노출량을 극대화하기 위함입니다.

　간혹 개원 예정인 건물에 현수막이나 배너를 미리 걸어두는 경우가 있는데 이런 경우는 사전에 사람들의 동선을 전혀 고려하지 않고 광고를 하는 격입니다. 광고물은 노출을 극대화해야 합니다. 전단지 광고로 생각해 보길 바랍니다. 왜 전단지를 나눠주는 사람들이 지하철 주변에 있을까요? 사람들이 많이 몰리기 때문입니다. 몰리는 곳에 당연하게도 광고를 해야 노출량이 많아지는 것입니다. 이렇게 미리 사전에 우리 병원을 알리는 작업을 해두는 것을 온라인뿐만 아니라 오프라인에도 세팅해야 합니다.

　홈페이지는 병원 개원 한 달 전에 세팅이 되었습니다. 그럼 이제 진행해야 할 마케팅 프로세스는 온라인 집을 알리는 것으로 키워드 광고를 해야 합니다. 광고를 하려면 광고 심의를 받아야 하는데 이 과정에 꽤 기므로 사전에 광고 심의를 받아두는 과정이 필요합니다. 의료광고 심의 과정을 생략하고는 키워드 광고를 진행할 수 없어서 꼭 사전에 광고 문구를 기획해서 빠르게 진행할 필요가 있겠습니다.

두 달이 지나 약속된 일시에 병원이 개원했습니다. 사전에 광고 심의를 받은 광고 소재로 포털 사이트에 병원 홈페이지를 광고를 진행할 수 있습니다. 지금부터는 우리 병원을 알리기에 더 꼼꼼한 일들을 해야 합니다.

우리 병원 위치를 알려주는 작업인 지도 등록 작업을 각 포털 사이트는 물론 내비게이션 업체에 등록하는 일을 해야 합니다. 별로 어려운 일이 아닙니다. 위치 정보는 개원을 하고 나서는 수시로 변경되는 정보가 아니기 때문에 한 번만 설정하면 다음부터는 수정을 하는 일이 거의 없습니다.

피부과 환자가 병원을 오기 전에 상담해야 하는 일이 거의 대부분입니다. 물론 바로 간판이나 위치 정보만 오시기도 하기도 하지만 상담을 위한 창구를 사전에 열어두어야 합니다. 이를 위해서는 온라인 상담 통로를 만들어야 합니다. 보통 홈페이지를 생각하겠지만 무료 홈페이지 플랫폼에 연동되는 상담 시스템은 그리 편하지가 않습니다.

더 간편하고 쉬운 상담을 위해서는 포털 사이트에서 지원해주는 무료 상담 서비스 프로그램을 이용해보는 것도 좋습니다. 근래에는 국민 메신저 카카오톡을 사용하지 않는 사람은 거의 없기 때문에 해당 채널의 계정을 만들어서 사용하도록 합니다.

환자와 응대할 수 있는 통로까지 만들었습니다. 광고는 온라인은 물론 오프라인에서도 동시다발적으로 진행되고 있는데 실제 포털 사이트에서 우리 피부과를 검색해보니 많이 보이지 않는 것으로 보입니다.

검색하면 전반적으로 첫 화면에 나오면 좋겠는데 그렇지가 않은 상황입니다. 이런 경우는 사전에 검색 노출을 고려하지 않는 경우입니다. 보통 포털 사이트에서 검색하면 광고 영역은 물론이고 웹문서 영역이나 그 외 블로그와 카페 영역이 보입니다. 여기에서도 병원이 노출될 수 있도록 개원 전에 사전에 작업해두어야 합니다.

블로그라는 플랫폼을 브랜드의 서브 영역으로 기준을 두고 활용을 해야 합니다. 사실상 블로그는 마케팅 채널 도구로서 메인은 아닙니다. 홈페이지가 메인이라는 점을 인지하고 있어야 합니다. 블로그에도 병원이 개원 예정이라는 메시지를 전달할 수 있게 글을 작성해서 포스팅하면 당연하게도 병원명을 검색하면 보이는 정도로 세팅을 해야 합니다. 이렇게 노출이 되고 나서부터는 정말 필요에 의한 정보로 환자들이 보고 올 수 있도록 블로그를 활용하면 되겠습니다.

강남권이 아닌 지역 로컬 피부과로 개원한 이상 커뮤니티 활동을 고려해보지 않을 수는 없습니다. 그렇게 해서 알려보고자 하는 채널은 바로 카페입니다. 카페 커뮤니티는 지역에 맞는 카페들이 많습니다. 남성이 선호하는 경우는 부동산 관련 카페이고 여성이 선호하는 경우는 당연하게도 맘카페 위주입니다. 이런 정보를 사전에 알고 지역 카페에 미리 가입해서 우리 피부과를 알리는 작업도 해야 합니다. 단 커뮤니티를 활용하는 방식은 실제 병원의 계정으로 홍보를 하는 것이 좋습니다. 병원 사람이 아닌 것처럼 불특정한 계정으로 가정해서 활동해서 홍보를 가정한 글을 써서 유도를 하는 방식은 불필요합니다. 오히려 병원에 악영향을 끼칠 수도 있습니다.

여기까지 길게 본다면 내용이 어려워 보이지만 사실 어려운 것은 없습니다. 몰랐던 부분이 있다면 이제 알게 된 것이고 어려운 것이 아니기 때문에 개원을 준비한 내가 직접 할 수 있는 영역이기도 합니다. 이 말은 다시 말하자면 개원을 하신 의사 즉 대표원장이 이 정도까지는 스스로 할 수 있는 영역입니다.

이제부터가 중요합니다. 환자들이 광고를 보면서 병원에 내원을 하기 시작했고 진료하고 치료를 하고 집에 가면 파김치가 되어 있는 상태가 됩니다. 이 상황에서는 더 이상의 다른 일들을 지속해서 하게 되면 나에게 무리가 오고 리스크가 생기게 됩니다. 더 이상 온라인 광고 채널들을 관리할 수가 없는 상황이 된 것이죠.

우리 병원의 광고를 누군가에게 맡길 때가 된 것입니다. 병원에 상주 직원을 두어야 할지 아니면 해당 광고들을 대신해서 대행해주는 광고회사를 선택할지 고민을 하는 시간인데 저는 이미 여러 광고 채널들을 직접 다루며 해당 채널들에 대한 광고 방식과 비용이 얼마나 들어가는지 등에 세부적인 내용까지 알고 있습니다. 이럴 때 활용을 해야하는 것이 바로 내부에 상주직원을 두는 것이 아니라 대행사를 쓰는 것입니다.

의사 즉 대표원장이 광고에 대해서 시스템을 모른다면 더 잘 알고 있는 전문지식을 가지고 있는 사람을 직원으로 두어 일을 시키면 되지만 상황이 반대인 경우에는 오히려 광고 담당자를 병원에 둘 필요가 더 없다는 것입니다.

불필요한 인력 세팅을 해서 공간과 일에 대한 커뮤니케이션 시간 확보로 시간을 소비하지 말고 대체제가 될 수 있는 광고회사를 적절한 예산으로 활용을 하는 것이 좋습니다.

이미 대표원장인 저는 광고 시스템을 여러 가지 접했기 때문에 이것을 대신해줄 대체재가 필요한 상황이 되겠습니다. 그렇기 때문에 더욱 광고회사에 맡겨서 진행하는 것이 좋다는 것이죠. 업무에 대한 기획과 감독 및 관리에 대한 부분을 보고서를 받고 모니터링을 해서 지속해서 피드백을 주어 진행하는 것이 가장 효율적입니다.

광고 회사가 일하는 방식과 담당자의 보고 방식 그리고 소통이 원활하다면 그 회사를 전적으로 신뢰하고 진행하는 것이 좋습니다. 물론 이런 상황과 반대일 경우라면 바로 계약을 해지하고 다른 더 좋은 회사를 알아보고 맡기는 것이 더 합리적입니다.

병원의 최종 보스인 의사는 의료의 전문가이며 과학자이자 엔지니어입니다. 이러한 전문 지식을 환자에게 더 쏟아부어 서비스의 퀄리티를 높이면서 내실을 다져야 하는 것이 의사의 본분이지 병원 광고물 하나하나 검수를 해가면서 어떻게 진행이 되는지 일일이 전부 신경을 쓴다면 그것은 매우 시간을 비효율적으로 사용하고 있는 것과 마찬가지입니다.

병원 광고 진행을 어느 정도 열심히 해서 매출을 안정적으로 만들게 된다면 경영과 인사에 더 신경을 써서 병원 조직 문화를 확립시켜야 합니다. 이것이 최종적으로 병원이 브랜딩 되어가는 과정이라고 봅니다.

　병원 마케팅 방법론과 전략에 대해서 다수 열거를 했지만, 이 모든 과정들이 사실상 정답이 아니라는 점을 아셔야 합니다. 공식처럼 기억하고 진행하지 않아도 됩니다. 사실상 언급하지 않은 여러 가지 수많은 광고 기법과 마케팅 방법들은 많이 있습니다. 앞서 얘기한 내용은 병원 개원 프로젝트를 마케팅 방법론에 대해 어떻게 수월하게 진행해야 하는지 과정을 쉽게 말한 것이기 때문에 참고해보시면 되겠습니다.

개원 준비

의사들이 생각하는 병원 운영에 있어 꽃은 바로 개원입니다. 누구라도 그렇듯 남 밑에서 월급을 받고 지속해서 진료하는 것은 원치 않을 것입니다. 물론 그렇지 않고 안정적으로 월급을 받으면서 진료하길 원하는 의사 선생님들도 있습니다. 개원이 아니라면 양도 양수를 받는 경우도 있을 것입니다. 현실적으로는 개원을 더 많이 고민하는 것이 대부분입니다.

개원을 생각하고 있는 원장님들은 비슷한 고민이 있는 다른 의사들이 모이는 관련 커뮤니티에서 정보를 찾기 마련입니다. 또는 미리 개원한 선후배와 지인들을 통해서 개원에 대한 히스토리를 듣고 관련된 준비 정보들을 듣는 것이 다입니다.

개원을 준비하시는 원장님이라면 본인에게 되물어 질문해보시기 바랍니다. 왜 개원을 해야 하는지부터가 시작입니다. 왜 이런 입지에 개원해야 하는지, 왜 해당 평수를 알아봐야 하는지, 왜 인테리어를 이렇게 해야 하는지, 왜 직원을 이렇게 세팅을 해야 하는지, 왜 이런 홈페이지 기획을 해야 하는지 등 왜라는 질문부터 채워가야 합니다.

왜라는 질문에 대한 검증이 되지 않는 이상 확신이 서지 않기 때문에 개원 이후에 계속 갈팡질팡하는 모습과 두서없는 마케팅 전략과 방향을 보게 될 것입니다. 개원에 대한 확실한 답을 내리지 않은 상태에서 개원한다고 하면 막상 개원하고 나서부터가 아주 힘들 것입니다.

실제로 병원 개원은 힘든 여정입니다. 자본이 웬만큼 준비되어야 하는 프로젝트이고 실제로 단순히 돈을 써서 개원하는 것이 아니라 몇 억짜리 프로젝트를 하는 것이기 때문에 신경 써야 하는 일이 한두 가지가 아닙니다. 금전적인 부분부터 시작한다면 대출이 들어갈 수도 있고, 부동산 계약부터 시작해서 인테리어와 장비구입 및 직원 고용, 네트워크 세팅, PG사 가입, 마케팅, 세무 처리 등 준비해야 할 것들이 너무 많습니다.

이것을 누가 대신해 주지 않는 이상 원장님들이 전부 다 진행해야 하고 관리해야 합니다. 설령 업체나 누군가가 대신해 준다고 해도 쉽게 볼 것이 아닙니다. 이미 앞서 얘기한 내용은 전부 기획이 된 상태에서 계획을 차례차례 준비해나가야 하는 것이기 때문에 개원하게 되는 대표원장은 이미 다 알고 있어야 하고 숙지해야 하는 내용입니다.

막상 개원하게 되면 돈이 들어가고 샐 수 있는 공간과 빈틈이 중간

중간 보일 수 있고 필요 없는 기자재들도 속속 생길 수 있습니다. 어쩔 수 없는 낭비가 시작되는 것이죠. 이러한 낭비를 줄일 수 있는 것은 타 병원과 비교를 하는 것입니다. 낭비와 실수를 줄이기 위해서는 개원 전에 전반적인 병원의 경영 및 운영 상태 등을 파악하기 위해 다른 병원 서너 군데를 탐방해서 실제로 모니터링을 해보는 것이 가장 좋은 방법이 되겠습니다.

인테리어 결정

병원을 개원할 때 대부분 인테리어를 신경을 많이 쓰게 됩니다. 그럴 수밖에 없습니다. 병원의 얼굴이기 때문입니다.

보통 인테리어 업체를 만나서 공사를 해서 완성하기까지 기간이 평균 1달~2달 정도가 걸리게 됩니다. 해당 기간을 단축하는 방법은 얼마나 많이 대표원장이 일에 개입하느냐입니다. 인테리어에 대한 콘셉트와 가이드를 미리 갖고 있으면 도면 작업과 기획이 더 빠르게 끝나고 공사 또한 일사천리로 진행될 수 있습니다.

그런데 콘셉트와 가이드는 그냥 백지상태에서 나오는 것이 아닙니다. 어느 정도 인테리어에 대해 알고 있어야 합니다. 아는 만큼 보인다고 했던가요. 전문가가 있다고 해서 그 인테리어 담당자한테 다 맡기는 것으로는 결과가 좋게 나올 리가 없습니다.

그러므로 결국 중요한 것은 앞서 말했지만 남과 비교를 하는 것입니다. 이 말은 벤치마킹할 병원을 정하는 것으로부터 시작하는 것입니다. 실제로 많은 병원을 둘러보고 비교를 해 가면서 좋은 인테리어 환경에 대한 소스는 가져오고 불필요한 정보는 빼는 것입니다. 그리고 이러한 동선은 내가 불편했으니 저러한 동선과 공간으로 바꾸면 좋을 것 같다는 생각으로 비교를 해가면서 완성을 하는 것입니다.

머릿속에 인테리어에 대한 구상과 정보가 있으면 인테리어 전문가에게 전달하면 끝입니다. 그것으로 도면을 그리고 인테리어 공사가 잘 진행될 것입니다. 병원만 인테리어 공사를 하는 인테리어 업체도 있습니다. 기존에 인테리어 라이브러리가 많고 경험이 많아서 시스템이 체계적이고 원만한 협의가 되는 것이 장점입니다. 다만 틀에 박힌 인테리어 디자인이 나올 수 있다는 것을 염두에 두어야 합니다. 그렇기 때문에 인테리어 과정 시 대표원장이 많이 개입하는 것입니다. 절대 그냥 알아서 해주세요라고 말하지 마시길 바랍니다.

병원 내부 환경에서 필요한 물품과 장비 그리고 환경적인 부분들도 역시 타 병원과 비교를 해보는 것이 좋습니다. 실제로 병원을 가보면 환자 동선에 필요 없는 불필요한 장식과 포스터 배너 물품 등 정말 불필요할 정도로 많이 있는 곳도 있습니다. 이런 사소한 것들까지 염두에 두어 병원 환경을 구성하는 것이 가장 아이디얼 할 것입니다. 앞에 섹션에서 설명을 한 바 있지만 하나의 디바이스상에서 광고물을 노출하는 것을 고려해서 디스플레이를 최적화하는 방법을 강구해보세요.

개원의 중요 요소들

병원 인테리어 공사가 다 되었다고 해서 이제 마케팅만 하면 된다고 생각하는 원장님들이 있습니다. 그런데 순서는 그게 아닙니다. 이 책을 처음부터 잘 읽었다면 마케팅에 가장 중요한 요소는 병원의 온라인상 얼굴 홈페이지임은 알 것입니다. 이 홈페이지는 병원 개원과 동시에 만들어서 온라인에 노출이 되어야 하는 것이 아닙니다. 이미 개원 전부터 노출이 되어야만 합니다.

홈페이지가 있어야 키워드 검색 광고를 할 수 있고 검색 광고를 하려면 의료광고심의를 받은 문안 및 소재로 광고를 해야 합니다. 이 심의 통과를 하려면 평균적으로 어림잡아 적으면 보름 많으면 한 달까지 걸릴 수 있습니다. 사업자등록증, 의료기관 개설신고증 등 문서만 있으면 쉽게 진행되는 과정이고 이 과정이 완료됨으로 인해서 현실적으로 광고 라이브가 될 수 있습니다.

개원과 동시에 자연스럽게 광고로 이어지려면 홈페이지 제작 기간을 생각해서 적어도 서너 달 전에는 기획이 되어야 하고 한두 달 전에는 홈페이지 제작이 들어가야 합니다. 홈페이지가 뚝딱하고 나오는 것이 아니기 때문에 미리 준비를 해야 한다는 것입니다.

병원의 진료 시작을 알림과 동시에 하는 것이 아니라 미리 사전에 광고물이 나와야 하고 노출이 되어야 하고 그것으로 주변 인접 지역에 잠재 고객 즉 환자들에게 적극적으로 알려야 합니다.

영화가 개봉하면서 동시에 광고가 되는 일이 있는지요? 그렇지 않습니다. 보통 영화도 개봉 전 통상 두세 달 전부터 예고편을 노출하고 그보다 더 일찍 하는 경우라면 6개월에서 1년 전부터 티저 예고편을 노출해서 잠재 관객들에게 알리게 됩니다. 이와 같은 이치입니다.

병원을 비롯한 모든 오프라인 점포와 사업장은 사업 시작과 동시에 광고를 진행하는 것이 순서가 아닙니다. 될 수 있으면 그 이전부터 광고하는 것이 잠재고객에게 우리 병원을 인지시킬 수 있는 효과적인 부분이고 더 효율적이고 매출에 영향을 많이 끼칠 수 있게 되는 과정임을 알고 마케팅을 진행해보시길 바랍니다.

제4장
마케팅 전망과 제안

잘되는 병원은 마케팅이 다를까?

결론부터 말하자면 다를 수도 있습니다. 그렇지만 마케팅 방식은 거의 비슷하다고 보시면 됩니다. 조금 더 냉정하게 말하자면 마케팅 방식이 다른 것이 아니라 마케팅 기획과 예산이 다른 것입니다. 잘되는 병원이 잘될 수밖에 없는 이유는 무엇인가 새로운 방법을 채택해서 진행하는 것이 아닙니다. 병원을 알리기 위한 방법을 전략적인 기획을 통해서 콘텐츠를 제시하였을 것이고 또한 노출을 극대화할 수 있도록 많은 예산을 마케팅에 투입했기 때문입니다.

솔직히 말하자면 마케팅의 성과, 광고의 실적은 사실상 돈 넣고 돈 먹기라고 표현을 해도 무방하다고 봅니다. 예산이 많이 들어간 광고는 광고의 콘텐츠도 좋을 뿐만 아니라 노출량이 극대화될 수밖에 없습니다. 최대한 많은 사람에게 도달될 수 있습니다. 잠재고객층을 그만큼 많이 만들어 내는 것이죠.

물론 광고는 노출이 다가 아닙니다. 병원 광고 콘텐츠가 얼마나 잘 기획이 되었는지에 의해서도 결과에 차이는 존재합니다. 선행적으로 기획이 잘되어 있는 광고 콘텐츠 하나를 만들어 그것을 많은 노출량으로 온라인과 오프라인상에 뿌려진다면 쉽게 말해 큰 그물을 던져 물고기를 많이 잡을 수 있는 것입니다.

그럼 반대로 마케팅으로 효과를 보질 못한 잘 안되는 병원은 왜 잘 안되는 것일까요? 첫 번째 이유는 광고 기획에 문제가 있을 수도 있다는 점입니다. 환자와 컨텍이 되는 콘텐츠의 내용이 매력적이지 못한 것이죠. 해당 병원을 선택해야만 하는 이유가 없는 것입니다. 두 번째 이유는 많은 노출량으로 뿌릴 수 없기 때문입니다. 쉽게 말해 그물이 크지 않다는 의미입니다. 작은 그물을 사용해서 얼마나 많은 물고기를 잡을 수 있을까요?

그렇다고 해서 무조건 큰 그물을 만들기 위해 예산 투입을 많이 해야 한다는 논리는 아닙니다. 잘되는 병원이라고 해서 그 병원을 따라 한다고 광고 예산을 무작정 늘리거나 그 병원에 맞출 필요는 없습니다. 여기서 중요한 것은 그 병원에서 놓칠 수 있는 환자, 즉 잡지 못한 물고기를 잡을 수 있는 방식에 집중해야 한다는 것입니다.

마케팅을 병법에 비유하자면 내게 이로운 판에 적군을 끌어들여 싸움에서 이기는 것입니다. 즉 마케팅도 역시 우리 병원의 이로운 시장 상황을 만들어서 환자 유입을 시키는 것이 좋은 전략이라는 것입니다.

잘되는 병원에서 과연 놓치고 있는 환자는 누구일지 생각해 봐야 합니다. 가격에 대한 메리트를 가지고 있는 병원이라면 시술 수가를 좀 더 메리트 있게 구매할 수 있는 과정에서 노출하는 것이 좋을 수 있습니다.

여러 가지 마케팅 전략과 방법들이 있겠지만 여기에 대한 부분 각자 병원에서 고민거리로 삼아서 해결해 보시길 바랍니다. 주변 병원 중에 아무리 경쟁상대가 잘된다고 해도 내게 이로운 시장의 상황을 만들지 못 하는 일은 없습니다. 비급여 시술 종목을 많이 가지고 있는 진료 과목이라면 비용에 대한 메리트를 만들어 시장을 먼저 선점할 수도 있습니다.

결국 마케팅은 자동화이다

병원 마케팅 영역은 모든 병원에서 필요한 부분입니다. 과거와 다르게 경쟁이 심화한 근래에는 마케팅을 진행해야지만 병원이 운영될 수 있는 정도라고 말할 수 있겠습니다. 물론 오래전부터 진료해오고 있는 지역 내 전통 있는 병원들은 실제로 마케팅에 큰 비용을 쓰지는 않습니다.

마케팅을 제외하고 말하자면 결국은 병원에서의 의사는 환자를 진료하고 치료를 해야 합니다. 병원에서 의사 외 코디네이터, 간호사 직원 등은 환자를 응대해야 합니다. 만일 병원에 내부 마케팅팀이나 MSO팀이 갖추어져 있다면 다른 얘기지만 대부분의 소규모 병·의원들은 그렇게 내부에 마케팅팀을 갖추기에는 운영 예산의 문제가 있습니다. 또한 처음부터 사무실을 두고 하지 않기 때문에 현실적으로는 여유가 없어서 운영하는데 어렵습니다.

결국 마케팅 관련해서는 담당 직원을 원내에 상주하게 하거나 또는 마케팅 대행사를 통해서 업무를 맡겨야 합니다. 그런데 원장 즉 의사가 핸들링해야 하는 범위는 어디까지일까요? 본질에 집중하자면 의사는 마케팅 영역에서 벗어나 있어야 합니다. 마케팅에 집중하고 몰두하고 있으면 안 된다는 뜻입니다.

본질적으로 병원에서의 의사는 환자를 진료해야 합니다. 진료를 보고 모든 전문적인 지식을 동원해서 환자를 치료하고 시술해서 효과를 보여 드려야 합니다. 그 외 의사가 또 해야 할 일은 너무나도 많습니다. 기업의 구조가 아닌 이상 경영이나 인사 관련 분야도 봐야 하고 전문 지식을 더 쌓기 위해서 대외적으로 학회 활동이나 세미나 등에 참석해서 신규 의술이나 장비나 프로그램에 대해서도 공부를 지속해서 진행해야 합니다.

그렇다면 결국 병원 마케팅은 누가 맡아서 진행해야 할까요? 사실상 마케팅 방법 중에서 광고 진행은 자동화가 되어야 합니다. 이 말은 병원 마케팅 중에 광고는 의사가 아닌 다른 누군가가 자동으로 진행될 수 있도록 돌아가게끔 시스템을 만들어야 한다는 것입니다.

광고가 아닌 이상 콘텐츠를 기획하고 전략을 세우는 데에는 의사가 직접 개입을 해서 진행해도 무방합니다. 단, 병원에서 의사가 해야 하는 중요한 영역은 무엇보다 환자를 진료하고 치료를 하는 것이지 마케팅을 직접 기획하고 운영하는 것이 메인이 되어서는 아닙니다. 책의 초반에도 언급한 바 있지만, 본질에 집중하는 것이 병원 마케팅에 가장 가깝다고 할 수 있겠습니다.

마케팅 단상 – 산부인과

현재 산부인과 시장은 경영 수지 악화로 산부인과 개원이 힘들어진 시장의 현 상황을 파악해야 합니다. 그만큼 산부인과 개원에 필요한 마케팅적인 부분이 뒷받침되어야 장기간 진료를 할 수 있습니다.

알아야 하는 것은 냉정하게 얘기하자면 사실 산부인과 내원에 대한 메리트는 크게 없다는 것입니다. 산부인과의 타켓 층인 여성들의 인식이 그러한 편이기도 합니다. 쉽게 얘기해서 잘 가게 되는 진료과목의 병원이 아니라는 것입니다.

산부인과라는 타이틀이 무섭기도 하고 가야 할 이유가 많이 없는 편이기도 합니다. 일반적으로 임신, 출산, 분만 위주기 때문에 일반적으로 생각했을 때 꼭 가야만 하는 이유가 적습니다. 그만큼 산부인과에 내원하기까지 허들이 있고 벽도 역시 높다고 볼 수 있습니다.

또한, 산부인과 내원까지 시간이 오래 걸리는 편이기도 합니다. 가까운 병원을 가기 위한 보험 진료의 경우는 가까운 병원을 가야만 하므로 검색을 조금 하시는 편이겠지만 분만의 경우는 일반적인 인터넷 검색으로의 환자 유입은 거의 없다고 보면 됩니다. 대부분의 검색 키워드는 지역명 산부인과가 아닌 지역 맘카페 내에서의 병원의 회자되는 횟수를 보거나 다른 엄마들의 후기 글이나 추천 글들을 보고 병원에 가게 되거나 거의 구전으로 산부인과를 가게 되는 편입니다.

산부인과는 개원 초창기 때는 환자와의 컨텍이 더 쉽지 않습니다. 남성 원장님 경우 더 그러할 수 있습니다. 그리고 산부인과는 앞서 말한 대로 입소문과 소개로 비율이 높다는 점을 유념해야 합니다. 분만이 아닌 검사나 시술을 하는 대부분 병원이 시술 쪽을 메인으로 잡고 마케팅을 하는데 이것이 잘못된 것입니다. 1차 의료기관에서의 부인과를 하는 병원의 콘셉트가 개원 초창기 시술로 콘셉트를 잡으면 굉장한 오류를 범하고 있는 것입니다.

일단 환자들이 와야만 하므로 성형이 메인으로 노출하기보다는 당연한 말이지만 부인과, 임신 중점 검사 등을 잘하는 병원, 친절한 병원, 깔끔한 병원이라는 콘셉트 등으로 마케팅을 진행해야 하는 것이 더 바람직하겠습니다.

분만하는 병원의 경우 예비 산모 즉 여성들에게 타겟팅 된 섬세한 마케팅을 진행해야 합니다. 첫 내원부터의 과정은 대부분 검사이고 출산까지의 과정은 길고도 긴 시간입니다. 이 시간 동안 의사와의 진료 상담은 마치 일반적인 의사와 환자와의 관계가 아닌 가족과도 같은 관계 형성이 중요합니다. 밀착 케어를 해야 하는 것이 필요하다는 의미입니다.

그냥 잠시 진료 상담 몇 분하고 떠날 환자이기 때문에 냉랭하게 그리고 무미건조하게 상담을 한다면 그것도 오류를 범하고 있는 것입니다. 예비 산모 그리고 임산부는 병원이 냉랭한 기운을 주는 것이 아닌 따뜻함과 안정감을 주는 곳으로 발걸음하게 되어 있음을 알아야 합니다.

이런 부분을 잘 인지를 해서 진료하러 오는 여성들에게 타겟팅 되어 있는 브랜드 위주의 마케팅 전략을 벤치마킹 삼아서 전략을 기획해야 하는 것이 좋습니다. 분만 병원의 특성상 아무리 좋다고 하더라도 내 원까지 긴 통원 시간이라면 가지 않습니다. 일반적으로 가까운 병원을 가기 마련입니다. 이러한 점도 파악을 해서 지역 마케팅을 진행하는 것이 바람직하겠습니다.

결론적으로는 산부인과마다 성격이 다른 방향으로 갈 수밖에 없기 때문에 분만 위주와 검사 및 시술 위주의 병원에 맞는 마케팅을 진행해야 합니다.

마케팅 단상 - 치과

치과는 생애 주기별로 가서 진료를 보고 치료를 해야 하는 병원입니다. 이것을 달리 말하면 연령별로 올바른 치아 관리가 필요한 영역이라는 것입니다. 건강하게 구강 관리를 하기 위해서는 생애 주기에 따라 관리에 신경을 써야 합니다. 어려서는 충치, 나이가 들수록 잇몸 질환 등으로 고민과 스트레스는 끊이지 않기 때문입니다.

이렇게 생애주기별로 치아 관리가 필요하고 병원에서도 진료와 치료가 필요한 치과 마케팅 영역은 정말 말 그대로 생애주기별 콘텐츠만 잘 기획해서 타겟층에 노출해도 마케팅 효과를 볼 수 있다고 봅니다.

그런데도 수많은 치과 병·의원들이 이러한 치과의 본질적인 마케팅 근본 영역에 다가가지 못하고 있음을 발견하곤 합니다. 병원에서 운영하는 장비나 기자재를 홍보한다든지 하는 본질에서 벗어난 광고 콘텐츠는 환자가 별로 궁금해하지 않습니다. 스캐너, CT, 현미경 등 이러한 시스템은 어느 치과나 거의 동일하고 비슷하게 구축되어 있습니다. 이와 같은 부분은 경쟁 병원이 궁금할 수도 있습니다.

미용 목적으로 홍보할 수 있는 진료 역시 너무나 많은 병원에서 마케팅 콘텐츠로 소비되고 있습니다. 그것보다는 정기적인 구강검진이 필요함을 인식하게 해줄 수 있는 마케팅 접근 방법이 필요합니다. 그래야 환자들이 치과에 내원해야만 하는 이유를 알고 갈 것입니다.

비급여 치료 항목이 많은 치과의 경우 가끔 저렴한 치료 비용을 홍보해서 마케팅하는 곳들이 있는데 이런 저가형 마케팅 방법도 나쁘지는 않습니다. 다만 그것이 마케팅 본질이 되어서는 안 됩니다. 저가형 치과 치료 비용에 본인의 구강을 맡긴다는 것은 환자 입장에서는 나쁘지 않습니다. 물론 병원 입장에서도 환자 유입에 있어 하나의 방법일 것입니다. 이것을 꼭 나쁘게 색안경을 끼고 볼 필요는 없다고 봅니다. 치료 비용을 앞세운 접근 방식은 소비 촉진 방식의 일환으로 삼는 것이지 그것이 마케팅 메인 방식이 되어서는 안 됩니다.

로컬 지역을 기반으로 하여 치과 주변에 오프라인 홍보를 하는 동시에 지자체 및 기관과 제휴로 신환을 확보하는 동시에 입지를 높이는 전략을 취해주면 좋습니다.

마케팅 단상 – 정형외과

정형외과 진료과목을 다루는 병원은 정형외과 외에도 재활의학과,
통증의학과 의원이 함께 진료하고 치료를 합니다. 명목상 진료과만 다
를 뿐이지 진료를 하고 치료를 하는 분야는 거의 같다고 보면 됩니다.

관절의 부상, 외상을 입거나 통증 질환으로 인해 병원을 가게 되는
목적과 특징이 있는 병원 진료과목이기 때문에 아픈 사람들이 급하게
오는 경우가 많습니다. 이 말은 병원 가기를 미루거나 나중에 내원을
해야 할 일이 없다는 뜻이기도 합니다.

미용 관련 치료나 시술이 아니기 때문에 미루지 않고 아플 때마다
병원을 가야 하는 부분을 인지하고 있어야 합니다. 가망 고객 즉 환자
들이 원하는 정보를 찾아 헤매다 시간을 소비할 것인지 생각을 해봐야

하는데 과연 환자들이 아플 때 가야 하는 병원을 찾는 데 시간을 많이 소비를 할까요?

여러 병원의 브랜드를 살펴보기 위한 온라인에서 검색 후 이탈은 자연스러운 현상이지만 그것이 많이 일어날 가능성이 줄어듭니다. 그만큼 정보를 단편적으로 취합한 뒤에 빠르게 결정을 해야 하므로 마케팅 포인트를 고민할 때 많은 정보를 노출할 필요는 없다고 봅니다. 오히려 지나가다 간판만 보고 내원을 하는 경우도 많습니다.

동네마다 두서너 군데 보이는 정형외과 진료 병·의원들을 봤을 때 그다지 특색이 있어 보이진 않습니다. 다 똑같은 진료 과목을 다루는데 어딜 가야 할지 환자들이 고민하고 있을 때 보여 주어야 할 포인트는 바로 중점 진료 과목에 대해 어필을 하는 것이 좋겠습니다.

손이면 수부 발이면 족부 등 중점 진료 클리닉을 특화해 노출을 하게 되면 당연히 해당 진료 과목에 있어서 더 특별하게 느낄 수 있습니다. 이 부분을 온라인과 오프라인을 동시에 노출하는 방식을 고려하면 좋습니다.

다양한 연령층과 성별에 노출될 수 있는 장점을 생각한다면 온라인만 고집할 필요는 없습니다. 오히려 옥외 광고 즉 유동인구가 돌아다닐 길목에 접근성이 좋은 지하철이나 버스를 광고 매체로 선택해서 마케팅을 펼치는 방법이 인지도 면에서 좋은 효과를 볼 수 있을 것입니다.

마케팅 단상 - 안과

안과는 급여 진료를 진행하기도 하지만 비급여 항목 눈 수술을 진행하는 경우가 더욱더 많습니다. 라식 라섹을 비롯해 백내장 등 노안 관련 수술을 많이 진행을 합니다. 안과의 특징은 수술 전과 수술 후를 알아볼 수가 없다는 것입니다.

흔히 병원에서 활용할 수 있는 이미지 결과물인 Before & After 콘텐츠를 만들어 낼 수 없다는 것입니다. 그렇기 때문에 병원의 브랜드를 잘 포장하는 방법을 강구해야 합니다. 다른 진료과목보다 브랜딩 광고에 특화된 업종이라고 할 수 있습니다. 그렇기 때문에 마케팅 소구점을 끊임없이 만들어내야 합니다.

큰 기업들에서 진행하는 내부 행사 및 캠페인 광고나 브랜드 수상 및 각종 인증서와 선정 내역들을 잘 포장하는 방법으로 마케팅 전략을 세우는 것이 필요합니다.

안과의 경우 모든 수술이 한번 또는 두 번 내원만으로 수술이 가능하고 결과를 볼 수 있기 때문에 원거리 환자를 유치할 수 있습니다. 고관여 진료(라인, 노안, 백내장)가 많은 안과는 원거리 환자 유치가 가능하기 때문에 매체 전략을 잘 세우는 것이 중요합니다.

광고 콘텐츠 기획이 중요하겠지만 브랜딩 광고의 효과를 보기 위해선 광고 노출량을 증가시켜야 하므로 마케팅 채널을 효과적으로 다루는 방법을 알고 진행해야 합니다. 한두 가지 매체를 활용하는 것은 비효율적이라는 것입니다.

오히려 여러 매체를 적절하게 섞어 광고를 집행해야 하고 그 과정 중에 우리 병원에 잘 맞는 채널이 어떤 것인지를 파악하여 루틴한 광고가 집행될 수 있게 최적화 작업을 진행해 주는 것이 필요합니다.

안과와 성형외과가 비슷한 부분이 비수기와 성수기를 타는 것입니다. 환자들이 내원을 하는 비율 자체가 시즌을 타는 특징이 있다는 것이죠. 이 말은 사람들의 관심이 낮아지는 시기가 있다고 봐야 하고 이런 시기가 있다는 것을 인지하고 인정을 해야 합니다.

관심이 낮아지는 시즌에는 마케팅 문제를 찾아야 할 필요는 없습니다. 마케팅의 문제가 있어서 환자들이 병원에 내원을 하지 않는 것이 아니라 관심이 낮아졌기 때문에 문제점을 마케팅에서 찾는 방법은 틀렸다고 말할 수 있겠습니다.

비수기 때에는 광고 노출량을 더 늘려야 한다는 말이 있는데 이 말은 틀렸습니다. 관심이 낮아진 상황에서 노출량을 늘려봤자 광고료만

나갈 뿐 전환율과 회전율을 오르지 않을 가능성이 큽니다.

또한 비수기 때는 경쟁에 치중하지 말고 콘텐츠를 보강하는 데 전략을 짜야 한다는 말이 있습니다. 틀린 말은 아니지만, 이 방법은 이상적인 것이 아닙니다. 콘텐츠 보강은 수시로 해야 하므로 굳이 비수기 시즌을 선택해서 콘텐츠를 고안해낼 필요가 없다는 것입니다.

그보다 우선시 되어야 하는 것이 잠재 고객의 동향을 파악하는 것입니다. 우리 병원의 잠재 고객은 어디 있는가 고민을 해야 하고 그 잠재 고객이 있는 플랫폼과 채널에 집중을 해야 합니다. 이 말은 광고 노출량을 증가시키는데 힘을 쏟는 방향과 결이 다릅니다.

당장의 라식 라섹 수술을 할 이유가 없는 환자들은 어디에 있을까요? 끊임없이 고민해보시기 바랍니다.

마케팅 단상 – 피부과

시대의 흐름이 계속해서 바뀌고 있습니다. 피부관리도 트렌드가 바뀌고 있죠. 집에서 하는 홈케어 즉 뷰티 디바이스 시장이 계속해서 발전함에 따라서 미용 성형 시장에 변화가 생기고 있습니다. 핫한 뷰티 디바이스 장비들은 이른바 피부과나 에스테틱 샵에서 관리하는 수준만큼 셀프 케어가 가능하다고 진화된 장비와 타이틀로 중무장하여 마케팅하고 있습니다.

이런 흐름은 피부과에서 레이저 받을 필요 있겠어? 하는 홈케어 족들을 많이 양산해 낼 수 있습니다. 이와 함께 뷰티 콘텐츠들이 하루가 다르게 대량 생산되고 있는 포털 내 블로그나 유튜버 콘텐츠들이 합세함에 따라서 제품에 대한 니즈가 더 커지고 수요층도 많이 넓어졌다고 할 수 있습니다.

실제로 뷰티 디바이스 기기 매출은 해가 다르게 늘고 있죠. 2030 뷰티 족들이 집에서 할 수 있는 뷰티 디바이스에 눈을 돌리면서 자연스럽게 전문 미용 성형 시장에서 공급되고 있는 시술이나 레이저들을 찾지 않기 시작했습니다.

장비 라인업도 구분이 되면서 얼굴 및 목 전용 등 뷰티디바이들의 라인이 많아졌습니다. 그런데 사실상 어디까지나 홈 케어용 관리인 것이지 실제로 피부결과 톤을 좋게 만드는 것은 피부과에서 시술을 받아야 하겠죠.

그동안 의존도가 높았던 이삽십 대 여성 타겟층이 피부과나 에스테틱 의원 중심에서 홈 케어 중심으로 이동하는 변화의 바람에 추이는 아직 크게 뚜렷하게 나타난 것은 아니지만 피부과의원과 일반 클리닉 의원에 매출이 전년도 대비해서 소폭 감소한 곳들이 많습니다. (유형은 단독 개원, 프랜차이즈 봉직 등을 포함해서 실제로 필자가 서울에서 피부과 마케팅을 진행한 곳에 데이터를 기준으로 말씀드리는 것입니다. 2020년 기준)

이제 피부과 마케팅의 노선은 뷰티 디바이스, 뷰티 가전을 너머의 어젠다를 보고 나아가야 합니다. 비즈니스 모델은 균형을 깨뜨리고 시장을 계속해서 쪼개면서 나아갑니다. 피부과를 포함한 어떤 비즈니스 모델이든지 간에 새로운 시장을 먼저 볼 수 있는 안목을 키워서 기회를 잡아야 합니다.

피부과가 의료라고 해서 세분화하지 못한다고 생각하지 마시고 역발상을 해보시기 바랍니다. 그렇게 해서 태동한 것이 뷰티 디바이스이기 때문에 현재의 흐름을 잘 읽고 피부과 마케팅에 관해 공부해보시기 바랍니다.

비대면 진료 서비스의 시작

코로나 바이러스로 인한 전 세계적인 팬데믹 속에서 의료 시장의 개편이 일어났습니다. 다른 시장에서도 이미 많은 조짐을 보인 바 있고 실제로 시장에서 시행되고 있는 비대면 서비스입니다. 의료 시장에서도 역시 비대면 진료 서비스가 시행되고 있습니다.

보건복지부 해석에 따르면 비대면 진료 서비스는 한시적 서비스로 열어두고 운영을 하라고 권고되고 있습니다. 그러나 코로나 바이러스가 장기적으로 이어지고 있는 탓에 한시적으로 될 것이라는 의미가 무색해질 것입니다. 이러한 비대면 진료 서비스의 추세는 한시적으로 넘어 영구적 진료 서비스의 구축으로 넘어가리라는 것도 업계에서 인식이 있습니다. 대형 병원으로부터 시작해서 현재는 웬만큼 규모가 있는 로컬병원들이라면 비대면 진료 서비스를 진행하고 있습니다.

전화 진료 등 원격진료가 적용되기 어려운 영역이 있고 수월하게 진행될 수도 있는 영역이 존재합니다. 진료과목별마다 이 부분에 대해서는 고민이 필요한 부분이지만 현재 웬만한 급여진료 중점 병원으로 봤을 때는 비대면 진료 서비스를 진행하고 있다고 봐도 무방합니다.

이 비대면 진료 서비스의 시장은 해외의 변화가 눈에 띄게 나타나고 있습니다. 특히 미국이나 중국, 일본 시장의 변화입니다. 그러나 국내 의료 체계에서의 비대면 진료는 넘어야 할 것들이 많이 있습니다. 의사와 환자 사이 원격의료를 금지하는 의료법이 국회 문턱을 넘지 못하고 있고 신산업 성장을 막는 낡은 규제들이 산적해 있어서 전 진료과목에서 제대로 쓰이고 있지 못하고 있습니다.

이러한 상황에서 마케팅은 어떻게 해야 할까요? 시장의 개편은 결국 비대면 진료 서비스 시스템으로 중심이 이동되리라 예측을 해야 합니다. 전화 진료를 포함해서 원격 화상 진료 등 이것을 이용하는 환자들이 더 많아질 것이라는 예측이기도 하죠. 이러한 상황에서는 마케팅 이전에 먼저 시스템을 구축하는 것이 선행적으로 해야 할 일이며 그 이후에는 비대면 진료 역량을 강화하는 동시에 알리기를 주력으로 해야 할 것입니다. 비단 온라인으로 마케팅을 하는 것이 다가 아니라 오프라인으로도 알리기를 놓치지 말고 진행해야 하는 것도 고려해야 합니다.

비대면 진료 서비스의 취지는 의료 취약 지역 주민들에게 의료 서비스를 제공하는 취지가 있을 뿐만 아니라 병원 방문이 일시적으로 불가능하거나 좀 더 편리한 진료를 받기 원하는 사람들에게 제공하는 것에 의미가 있습니다. 거동이 불편하지 않더라도 의사 재량에 따라 코로나 바이러스 자가 격리자, 감염에 취약한 계층 등에게도 감염병 노출을 최소화하는 차원에서 전화 처방 및 대리처방을 받을 수 있도록 비대면 진료를 진행해야 합니다. 이러한 상황에 대한 이해가 있다면 온라인뿐만 아닌 오프라인에서 알리기를 모색해서 마케팅을 진행하는 것이 바람직할 것입니다.

일상화된 수준으로 비대면 서비스는 의료계뿐 아니라 산업 전반에 퍼져서 현재 시행 중에 있습니다. 소비자들은 이를 적극적으로 이용하고 있고 만족도가 높은 것을 눈으로 확인하고 있기 때문에 이를 놓치지 않고 병원 마케팅을 진행 할 수 있도록 해보시기 바랍니다.

앞으로의 병원 전망

인간은 일생에서 수없이 병원에 방문하게 될 수밖에 없습니다. 영유아기 대상으로는 소아청소년과부터 시작해서 내과, 외과, 이비인후과, 정형외과, 치과, 피부과, 산부인과 등 건강을 위한 목적 그리고 치료를 위해서 또는 미용 목적을 위해서 말이죠. 몸이 아파서 당장 급한 치료를 하기 위해서라면 동네 가까운 병원을 갈 수 있고 중요한 수술 등을 받고자 한다면 더 크고 치료 결과가 좋은 대형 병원 및 상급 병원을 가기 마련입니다. 그 병원이 꽤 멀리 있다고 해도 말이다. 그러나 이 말은 이제 과거의 이야기입니다.

전반적인 의료 서비스와 시스템 수준이 고도화되면서 실력 있는 병원은 이미 어느 한 지점에서만 있는 것이 아니게 되었습니다. 메인스 트림으로 부상했던 서울 강남권 일대의 병원이 한때 북새통을 이룰 만큼 사람이 많아 호황이었지만 근래에는 그런 상황도 아닙니다.

이미 실력 있는 의사와 의료진들은 서울 강남을 벗어나 지역 로컬병원으로 개원을 해서 성공을 거두고 있는 사례를 만들어 가고 있습니다. 현재도 이런 상황이고 또한 앞으로도 이러한 상황들을 계속해서 마주하게 될 것입니다.

어떤 업종이든 전문화, 분업화, 최신화는 거스를 수 없는 시대의 흐름입니다. 이 부분을 미리 예견한 병원들은 환자들에게 심층적인 진료환경을 제공하기 위해서 한 차원 높은 드라이브를 걸고 있습니다. 이 말은 단지 입지가 좋은 서울 강남과 같은 메인스트림 지역에 국한된 것이 아니라 중점진료 또는 통합진료 시스템으로 변화하고 있는 것입니다.

예로 코 성형만 할 수 있는 코 중점 성형외과 내지는 미용과 건강을 위한 진료를 융합시킨 클리닉 스타일의 병원들이 뜨고 있습니다. 피부과 정형외과를 합친 타입의 병원들이 예로 들 수 있겠습니다. 피부과와 산부인과 진료 병원도 있으며 피부과와 비뇨기과 진료 병원도 있습니다.

사실 앞에서 언급한 피부과 정형외과 병원의 케이스로 보자면 피부과와 정형외과 이 두 가지 진료 과목은 아무 연관성이 없어 보이지만 사실 그렇지 않습니다. 외상은 피부와 연관되어 있고 일반적으로 사람들 대부분이 신체 밸런스가 맞춰져 있지 않은 경우가 대부분입니다.

미용 목적으로 병원에 내원했지만, 평상시 허리가 불편했거나 외상이 있었다면 정형외과 진료를 피부 치료에 이어서 볼 수도 있는 것입니다. 두 가지 종류의 진료를 아예 이원화해서 진료 프로세스를 두었다고 해도 상관없습니다. 결과적으로 교집합 점이 있는 부분은 어쨌든 의료 서비스라는 것입니다. 이처럼 마케팅적으로 접점이 되거나 교차점이 있는 부분을 보고 이득이 될 수 있는 것들을 알아채야 합니다.

인간은 일생을 살면서 지속해서 공부해야 살아남고 성장을 하게 됩니다. 하물며 현재 코로나 바이러스로 인한 팬데믹 이후에 찾아오게 될 세상은 더 어려워지고 고도화될 것이라는 예측입니다. 전문가 대부분 그렇게 생각하고 있습니다.

이러한 상황 속에서는 병원 및 의사 역시도 관련해서 미래에 대한 대비책에 관해서 공부를 하지 않으면 오래 살아남기 힘들 수 있습니다. 마케팅을 비롯한 병원 경영 관련한 모든 부분을 통틀어서 말이다. 이 말은 즉 의사와 병원도 공부하지 않고 업그레이드를 하지 않으면 끝까지 살아남기가 힘들다는 말입니다.

주변에서 계속 새로운 스타일의 병원들이 개원하고 변화하고 있는데 현실에 안주만 한다면 도태될 것입니다. 의료업계의 트렌드는 계속 변화하고 있습니다. 그것이 병원의 진료 형태나 경영방침 그리고 마케팅 관련 사안이든 굉장히 빠른 속도로 그리고 다각도로 변화하고 있음을 알고 있어야 합니다. 이 트렌드의 흐름을 읽지 못하거나 트렌드의 흐름을 읽고서 그냥 이해만 하는 것으로 끝나지 말길 바랍니다.

트렌드의 편승을 하시거나 또는 이젠 우리 병원은 어떻게 마케팅을 해야 할까? 라는 고민을 끊임없이 하시기를 바랍니다.

매출을 올리는 병원 마케팅

초판 1쇄 발행 | 2021년 8월 20일

지은이 | 배실장
펴낸이 | 김지연
펴낸곳 | 생각의빛

주 소 | 경기도 파주시 한빛로 70 515-501
출판등록 | 2018년 8월 6일 제 406-2018-000094호

ISBN | 979-11-90082-98-3 (03190)

원고 투고 | sangkac@nate.com

ⓒ배실장, 2021

* 값 13,300원

* 생각의빛은 삶의 감동을 이끌어내는 진솔한 책을 발간하고 있습니다.
참신한 원고가 준비되셨다면 망설이지 마시고 연락주세요.